# 検証・ニコン慰安婦写真展中止事件

日韓対訳

검증・니콘 위안부 사진전 취소 사태

フォトジャーナリスト 元共同通信編集委員
**新藤健一**［責任編集］
포토 저널리스트 전 교도통신 편집위원
**신도 켄이치**〔책임 편집〕

# まえがき

　突然の中止通告によって大きな騒動となった韓国人写真家、安世鴻(アンセホン)さんの東京・新宿ニコンサロン写真展「重重(じゅうじゅう)－中国に残された朝鮮人元日本軍『慰安婦』の女性たち」。この「ニコン慰安婦写真展中止事件」の全貌を検証するために、このブックレットを緊急出版した。

　ことの発端は2012年5月22日に遡る。写真展会場である新宿ニコンサロンを運営する株式会社ニコンが突然、安さんに対して正式に開催が決まっていた写真展の中止を一方的に通告。その後、東京地方裁判所による仮処分決定が下され、写真展は開催された。

　しかし、裁判所に提出した答弁書のなかで、ニコンは公募展であるニコンサロンの応募条件に「政治性が付加されていないこと」が含まれると明言。写真展開催後も、あたかも写真展を中止させようとするような妨害行為を繰り返した。そしてニコン側から依頼したはずの大阪ニコンサロンでの「アンコール写真展」(9月開催予定)は、いまなお宙に浮いており、未解決の問題が残されている。

　本書は、いわゆる「慰安婦問題」の歴史を検証し、その存否を論じるものではない。ニコン事件の一連のプロセスをゼロから検証し、そこから浮かびあがる日本社会に蔓延(まんえん)する風潮への危惧を表明した。この事件は、民主主義社会の前提である「表現の自由」と関わる重要なテーマであり、ニコンという一企業にとどまる問題ではないはずだからだ。

　国内の主要メディアや世論の関心は総じて低かったが、私はこの事件を記録として残しておく必要があると思っている。日韓関係が緊密さを増す一方、緊張も高まる今日において、未来志向の関係を築くためにも事実の徹底的な検証は重要な意味を持つだろう。

　なお本書は、写真家の安世鴻さん、妻の李史織さん、「主権回復を目指す会」支持者の溝上明さん、フォトジャーナリストの豊田直己さん、映像ジャーナリストの綿井健陽さんらの協力を得て完成させた。他にも取材や韓国語翻訳、編集作業の過程で、多くの方々にご協力いただいた。ここで感謝の意を表したい。

2012年8月<br>
新藤健一

# 머리말

갑작스러운 취소 통보에 따라 큰 소동을 불러일으켰던 한국인 사진가 안세홍 씨가 도쿄 신주쿠 니콘사롱에서 개최한 "겹겹-중국에 남겨진 조선인 옛 일본군 '위안부'의 여성들". 이 "니콘 위안부 사진전 취소 사태"의 전모를 검증하기 위해 이 부클릿을 긴급출판하게 되었다.

사태의 발단은 2012년 5월 22일까지 거슬러 올라간다. 사진전 장소이었던 신주쿠 니콘살롱을 운영 하는 주식회사 니콘이 돌연 안세홍 작가에 대해 정식으로 개최가 결정되어 있었음에도 불구하고 취소를 일방적으로 통보하였다. 그 후, 도쿄지방법원에서 가처분결정이 내려져, 사진전을 개최할 수 있었다.

그러나 니콘은 법원에 제출한 답변서에서 공모전 전시장인 니콘살롱에 응모조건으로 "정치성이 부가 되어 있지 않는 것"이 포함된다고 밝혔다. 사진전이 시작된 이후에도 이를 중지시키기 위한 것으로 보이는 방해행위를 거듭했다. 그리고 니콘 측이 개최를 의뢰한 오사카 니콘살롱에서의 "앙코르 사진전"(9월 개최예정)은 여전히 개최 여부가 확정이 되어 있지 않는 등 해결을 보지 못한 문제가 남아 있다.

이 부클릿은 일본군 위안부의 역사를 검증하여 그 존재 여부를 논하고자 하는 것은 아니다. 니콘 사태의 과정을 첫 단계에서부터 검증하여 그곳에서 부각되는 일본사회에 만연하는 풍조에 대한 염려를 나타내는데 목적이 있다. 이 사태는 민주주의 사회의 전제조건인 "표현의 자유"와 관련된 중요한 주제로, 니콘이라는 한 기업의 문제로 끝나는 문제가 아니기 때문이다.

일본 국내의 주요언론이나 여론의 관심은 대체로 저조하였으나, 나는 이 사태를 꼭 기록해야 할 필요가 있다고 본다. 일한관계가 긴밀해짐과 동시에 긴장이 고조되기도 하는 오늘날에 미래지향적인 관계를 구축하기 위해서 사실에 대한 철저한 검증은 중요한 의미를 가질 것이다.

이 부클릿은 사진가 안세홍 씨, 부인 이사직 씨, "주권회복을 위한 모임" 지지자 미조카미 아키라 씨, 포토 저널리스트 토요다 나오미 씨, 영상 저널리스트 와타이 타케하루 씨를 비롯하여 많은 분들의 협력으로 완성할 수 있었다. 또한, 취재나 한국어 번역, 편집 과정에서 많은 분들의 협력을 얻었다. 이 자리를 빌어 감사의 뜻을 표한다.

2012년 8월
신도 켄이치

# Contents

まえがき ……………………………………………………………………2

**Chapter 1** ニコンサロンと写真家、安世鴻 ……………………6
　来場者数7900名を記録した異例の写真展
　若手写真家の登竜門ニコンサロン
　韓国人写真家、安世鴻

**Chapter 2** 突然の中止通告の理由 …………………………………10
　「諸般の事情」で写真展中止を通告
　中止理由は「右派の抗議」ではなかった

　寄稿①　ニコンサロン・安さん写真展取り消し問題　豊田直己 ……17

**Chapter 3** 地裁の正論、ニコンの暴論 …………………………20
　写真展中止は"安さんのせい"
　「重重プロジェクト」とは？
　「政治性が付加されていないことも条件」
　地に堕ちた"世界のニコン"

**Chapter 4** 厳重"すぎる"警備体制 ………………………………30
　厳重"すぎる"警備体制の理由
　人権感覚が疑われる企業弁護士

　寄稿②　慰安婦問題──河野談話とマイク・ホンダと安世鴻　溝上明 …39

**Chapter 5** 日本社会の縮図、ニコン事件 ……………………44
　未解決の問題
　沈黙する日本の写真家たち

　寄稿③　ニコンの「政治的」介入が映し出したもの　綿井健陽 ………52

政治的なカメラ──あとがきに代えて ………………………………60

■資料　全記録　ニコン慰安婦写真展中止事件の経緯 ………………64

머리말 ································································································· 2

## Chapter 1 니콘살롱과 사진가 안세홍 ································································ 6
관람객수 7900명을 기록한 이례적인 사진전
젊은 사진가의 등용문, 니콘살롱
한국인 사진가, 안세홍

## Chapter 2 갑작스러운 취소통보의 까닭 ···························································· 10
"제반 사정"으로 사진전 취소를 통보
취소 이유는 "우익의 항의"가 아니었다

> 기고문① 니콘살롱·안세홍 작가 사지전 취소 사태    토요다 나오미 ······ 17

## Chapter 3 사법의 정론, 니콘의 폭론 ·································································· 20
사진전 취소는 "안세홍 작가 탓"
"겹겹프로젝트"란?
"정치성이 부가되어 있지 않는 것도 조건"
땅에 떨어진 "니콘의 세계적인 명성"

## Chapter 4 지나치게 삼엄한 경비체제 ································································ 30
지나치게 삼엄한 경비체제의 이유
인권에 대한 감각이 의심되는 기업 변호사

> 기고문② 위안부 문제 - 고노 담화, 마이크 혼다, 그리고 안세홍    미조카미 아키라 ······ 39

## Chapter5 일본사회의 현주소를 드러낸 니콘사태 ················································ 49
해결이 안 된 문제
침묵하는 일본의 사진가들

> 기고문③ 니콘의 "정치적" 개입이 투영한 것    와타이 타케하루 ······ 52

정치적인 카메라—후기에 대신하여 ································································ 60

■자료 전기록 니콘 위안부 사진전 취소 사태의 경위 ········································ 64

# Chapter 1

## ニコンサロンと写真家、安世鴻
## 니콘살롱과 사진가 안세홍

ニコンの中止通告によって、国際的な騒動となった韓国人写真家、安世鴻氏の日本軍慰安婦写真展。舞台となったニコンサロンとは何か。そして安氏の写真展とは？

니콘의 취소통보로 국제적 파장을 일으킨 한국인 사진가 안세홍 씨의 일본군 위안부 사진전. 그 무대, 니콘살롱, 그리고 안세홍 씨의 사진전이란 어떠한 것이었는가?

### 来場者数7900名を記録した異例の写真展

2012年6月26日-7月9日、東京・新宿ニコンサロンで韓国人写真家・安世鴻さん（41）の写真展「重重—中国に残された朝鮮人元日本軍『慰安婦』の女性たち（以下、重重）」が開催された。展示のテーマは、中国に取り残された朝鮮半島出身の日本軍元慰安婦のハルモニ（おばあさん）たち。2001年から5年間かけて撮影した労作だ。写真展の来場者数は累計約7900名に達し、この種の写真展としては異例の盛況だった。

これほど注目された理由は、サロンを運営する株式会社ニコンが突然、正式に開催が決まっていた写真展を一方的に中止しようとしたことにある。

国内外で議論を巻き起こした「ニコン慰安婦写真展中止事件」（以下、ニコン事件）。そもそもニコンサロンとは何か、また写真家の安世鴻さんについてまずは紹介したい。

### 若手写真家の登竜門ニコンサロン

ニコンサロンは、言わずと知れた光学機器

### 관람객수 7900명을 기록한 이례적인 사진전

2012년 6일26일부터 7월9일까지 도쿄 신주쿠 니콘살롱에서 한국인 사진가 안세홍 씨(41)의 사진전 "겹겹—중국에 남겨진 조선인 옛 일본군 '위안부' 여성들(이하, 겹겹)"이 개최되었다. 전시 주제는 중국에 남겨진 한반도 출신의 일본군 옛 위안부 할머니들. 안세홍 작가가 2001년부터 5년에 걸쳐서 촬영한 노작들이다. 사진전 관람객 수는 약 7900명에 달해 이례적인 성황을 이루었다.

이토록 주목을 받았던 이유는 전시장을 운영하는 니콘이 정식 개최가 결정되었던 사진전을 돌연 일방적으로 취소하려 한 데 있다.

일본 국내외에서 논란을 야기시킨 "니콘 위안부 사진전 취소 사태"(이하 니콘 사태). 도대체 니콘살롱이란 무엇인가? 또한, 사진가 안세홍이란 누구인가?

### 젊은 사진가의 등용문, 니콘살롱

니콘살롱은 누구나 다 아는 광학기기 메이커인 니콘이 운영하는 사진 전시장으로 1968년

会場の東京・新宿ニコンサロンには、ゲート式の金属探知機まで設置された＝2012年7月1日（撮影：新藤健一）

전시장이었던 신주쿠 니콘살롱에는 게이트식 금속탐지기까지 설치되었다. 2012년 7월 1일 (촬영: 신도 켄이치)

メーカーのニコンによって運営される、写真展の会場だ。開設は1968年。株式会社ニコン創立50周年を記念して「写真文化の普及・向上」を目的に掲げ、銀座3丁目にオープンした。

現在は、銀座、新宿、大阪の3ヵ所で運営されており、今回の事件の現場となった新宿ニコンサロンは1971年にオープン。「新宿エルタワー」28階にある。

ニコンサロンは若手写真家の登竜門的存在として知られてきた。常時出展者を募集しており、2ヵ月ごとにニコンから委託を受けた、5名で構成される選考委員会が展示作品を選抜する。そして展示の際には、会場費や広告宣伝費などをニコンが無償で提供。若手写真家にとってはとくにありがたい存在だった。また開催写真展の中から多数の写真賞受賞者を輩出し、ニコンサロンで展示されること自体が写真家のス

에 창사 50년을 맞아 "사진문화의 보급과 향상"을 목적으로 도쿄 긴자에 개설되었다.

현재는 긴자, 신주쿠, 오사카 등 세 곳에서 운영되는데 이번 사태의 현장이 된 신주쿠 니콘살롱은 1971년에 문을 열었고 신주쿠 엘타워 빌딩 28층에 위치하고 있다.

니콘살롱은 젊은 사진가들의 등용문으로 알려져 왔다. 출품자를 항시적으로 모집하고 있어, 2개월에 한 번, 니콘으로부터 위탁받은 5명으로 구성된 선정위원회가 전시작품을 선정한다. 임대료나 홍보선전비 등은 니콘이 제공하는 젊은 사진가들에게는 고마운 존재였다. 많은 사진상 수상자를 배출했는데, 니콘살롱에서 전시하게 되면 이제 "알아 주는" 사진가가 되는 셈이다.

2012년6월 9일 현재 개최실적은 니콘 측 재판자료에 의하면 (1) 긴자 1794회, (2) 신주쿠 1613회, (3) 오사카 1080회. 2010년에는 오

テータスでもあった。

　ニコンの裁判資料によると、2012年6月9日時点の開催実績は次の通りだ。①銀座ニコンサロン：1794回②新宿ニコンサロン：1613回③大阪ニコンサロン：1084回。2010年には長年の写真文化への貢献が評価され、「メセナアワード2010」（企業メセナ協議会主催）も受賞。写真界で大きな影響力をもつ写真展だ。

## 韓国人写真家、安世鴻

　今回の事件の当事者である安世鴻さんは、韓国江原道出身の写真家だ。在日韓国人の奥さんとの結婚を機に2009年に来日。いまは愛知県名古屋市を拠点に活動している。

　安さんが日本軍元慰安婦の撮影を始めたのは、1996年。韓国国内で暮らす元慰安婦のハルモニたちとの出会いからだ。調査を続ける中で中国に置き去りにされたハルモニたちの存在を知った。

　当初は中国では写真撮影が主な目的だったが「記録するだけではなく、彼女たちの存在をできるだけ多くの人々に知らせたい」と、山東省はじめ中朝国境付近に残留するハルモニたちを探し出し、繰り返し訪ねるようになった。実際に彼女たちの消息を調べることは困難な作業だった。中国政府の協力を得て、元日本軍慰安婦問題の調査を続ける韓国のNGO「韓国挺身隊研究所」の調査スタッフに同行するなどしながら取材してきた。

　2001年から5年間にわたり、安さんは12名のハルモニたちを取材。その成果を発表したのが、今回ニコンサロンに応募した作品「重重」だ。安

랫동안 사진문화에 이바지해 온 점을 평가 받아 "메세나 어워드2010"(기업 메세나협의회 주최)을 수상할 만큼, 사진계에서는 큰 영향력이 있는 전시장이다.

## 한국인 사진가, 안세홍

이번 사태의 당사자인 안세홍 작가는 강원도 출신의 사진가이다. 재일교포 부인과의 결혼을 계기로 2009년에 일본에 와서 현재는 나고야를 거점으로 활동하고 있다.

안세홍 작가가 일본군 옛 위안부 촬영을 시작했던 건 1996년. 한국에 사는 옛 위안부 할머니들을 만나 조사를 하던 중에 중국에 남겨진 할머니들의 존재를 알게 되면서부터다.

애초에는 중국에서의 사진 촬영이 주된 목적이었는데, "기록할 뿐만 아니라 할머니들의 존재를 많은 이들에게 알리고 싶다"는 생각에 주로 중국과 북한 국경 부근에 사는 할머니들을 찾아다니게 되었다. 할머니들 거처를 찾기란 상당히 힘들었고 중국정부의 협력을 받아 일본군 옛 위안부에 대해 조사를 벌이고 있던 한국 정신대연구소 조사원에 동행하며 취재를 계속하였다.

2001년부터 5년에 걸쳐서 안세홍 작가는 12명의 할머니들을 취재하였는데 그 결과가 이번에 니콘살롱에 응모한 작품 "겹겹"이다.

그는 작품에 담은 마음을 다음과 같이 설명했다. "파인더 속에 비춰지는 할머니는 한 사람 그 자체다. 깊이 새겨진 주름, 곳곳에 널린 손 때 묻은 물건, 눈물을 머금은 눈동자에서 할머니들의 막혀 버린 마음이 보였다. 그 모든 것이 과거로부터 현재에 이르기까지 인생 전부를 그대로 보여

光復節にソウル特別市の朴元淳（パク・ウォンスン）市長（左）が安世鴻氏の慰安婦写真展を訪れた＝2012年8月15日、ソウルのギャラリー流歌軒（撮影：Jang Sig Jung）

광복절에 안세홍 작가의 '위안부' 사진전을 찾은 박원순 서울시장. 2012년 8월 15일, 서울 소재의 갤러리 유가헌 에서. (촬영: Jang Sig Jung)

さんは作品に込めた想いを次のようにつづる。
「ファインダーの中の彼女たちは一人の人間そのものだ。深く刻まれた皺、四方に散らばる手垢のついた物、涙を溜めた瞳から、彼女たちの行き詰った心が見える。全てが彼女たちの過去から現在に至る人生そのままに見せてくれた。」

12名のハルモニのうち、8名はすでに他界。「彼女たちの存在を忘れてはいけない」という想いが、取材活動の原動力だった。

2011年12月、安さんはニコンサロンに作品を応募。選考委員会に作品は認められ、2012年1月に新宿ニコンサロンでの写真展開催が決定した。

ところが5月22日になって突然、ニコンは安さんに写真展の中止を一方的に通告したのだ。

준다."

12명 할머니 중, 7명은 이미 세상을 떠났다. "할머니들의 존재를 잊어서는 안 된다"는 마음이 취재 활동의 원동력이 되었다.

2011년 12월, 안세홍 작가는 니콘살롱에 응모했고 선정위원회의 인정을 받아 올해 1월에 신주쿠 니콘살롱에서의 사진전 개최가 결정되었다.

그런데 5월 22일, 니콘 측이 갑자기 태도를 바꿔 사진전 취소를 일방적으로 통보해 왔다.

Chapter 1　9

# Chapter 2

## 突然の中止通告の理由
## 갑작스러운 취소통보의 까닭

**ニコンの写真展中止通告の理由は、いわゆる「ネット右翼」による抗議と伝えられてきた。しかし、ニコンが隠した"本当の理由"は、別のところにあった。**

**니콘이 사진전 취소 통보를 한 이유는 이른바 "넷 우익"의 항의 때문인 것으로 전해졌다. 그러나 니콘이 숨겨 놓은 다른 이유가 있었다.**

### 「諸般の事情」で写真展中止を通告

韓国人写真家、安世鴻(アンセホン)さんが株式会社ニコンから一方的に写真展中止を通告されたのは、2012年5月22日のことだ。

2011年の12月に選考を通ってから、安さんはニコンサロン事務局と写真展開催に向けて事務的な手続きを進めていた。当時は広報用のダイレクトメール制作や、図録、ポストカードの販売についてのやりとり、また4日前の18日に決定通知を受けた大阪ニコンサロンでの「アンコール写真展」について確認作業を行っている最中だった。

しかし、午後7時頃、それまでやりとりをしていた担当者ではなく、「オバタ」と名乗る男性(ニコンサロン事務局長、尾畑正光氏)から突然、安さんの妻、李史織さんに電話がかかってきた(安さんは日本語に不慣れなため、通訳は李さんが担当していた)。

李さんの会話内容の記録によると、尾畑氏は、写真展中止を伝えたうえで、ホームページから開催情報を削除すると通告(同日中に削除)。

### "제반 사정"으로 사진전 취소를 통보

안세홍 작가가 니콘으로부터 일방적으로 사진전 취소를 통보받은 것은 2012년 5월 22일이었다.

2011년 12월에 전시작품으로 선정된 후, 그는 니콘살롱 사무국에서 사진전 개최를 위한 사무적인 절차를 밟고 있었다. 홍보용 편지 제작이나 책자, 엽서 판매에 대해 협의하는 상황이었고, 18일에는 개최 결정 통보를 받은 오사카 니콘살롱에서의 "앙코르 사진전"에 대해서 확인 작업을 하고 있었다.

그러던 오후 7시경, 종전의 담당자가 아닌 "오바타" (니콘살롱 사무국장 오바타 마사미츠 씨)라는 남자가 갑자기 안세홍 작가의 부인 이사직 씨에게 전화를 했다. (안세홍 작가는 일본어가 서투르기 때문에 부인이 통역했다.)

이사직 씨 통화 내용 기록을 보면 오바타 씨는 사진전 취소와 개최 정보를 웹사이트에서 삭제할 것을 통보하였고 실제로 그날 중으로 삭제되었다.

이유를 묻자 오바타 씨는 니콘 사내의 "제반

株式会社 ニコン
映像カンパニー フォトカルチャー支援室
108-0023 東京都港区芝浦3-4-1 グランパークタワー
Tel(03)3769-7953

２０１２年５月１５日

安 世 鴻 様

ニコンサロン選考委員会
委員長　岡 本 恭 幸

アンコール写真展開催の件

５月１４日のニコンサロン選考委員会におきまして、選考委員　土田ヒロミ、大島　洋、伊藤俊治、北島敬三、竹内万里子の諸先生と共に審議の結果、貴写真展「重重－中国に残された朝鮮人元日本軍「慰安婦」の女性たち」のアンコール展を下記の通り開催していただくよう決定いたしました。ご了承いただきますようお願い申し上げます。

記

使用会場　：　大阪ニコンサロン
開催日時　：　２０１２年９月１３日（木）～９月１９日（水）（１週間）
　　　　　　　期間中毎日午前１０時３０分～午後６時３０分
　　　　　　　（会期中無休／最終日は午後３時迄です）
作品展示日：　９月１２日（水）午後３時～
作品搬出日：　９月１９日（水）午後３時～

以　上

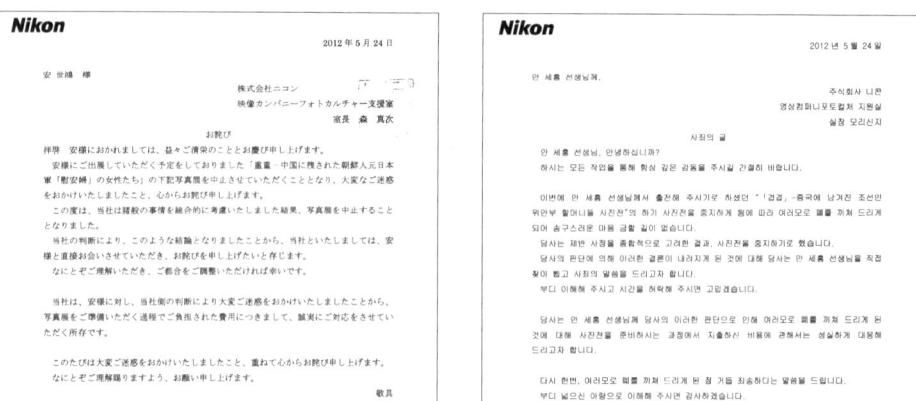

ニコン側から安世鴻氏に送られた「お詫び」文書(2012年5月24日付)

니콘이 안세홍 작가에게 발송한 "사과서"(2012년 5월 24일)

　その理由を問いただすと、尾畑氏はニコン社内の諸般の「事情によって中止せざるを得ないという判断」となったと答えた。そしてお詫びのためにニコンサロンの事業を統括する映像カンパニーフォトカルチャー支援室の室長とともに「明日にでもお伺いしたい」という。

　しかし詫びに来ても中止の理由は「諸般の事情ということですから言いようがございません」と、曖昧な応答を繰り返す。さらに、この決定はニコンサロン事務局ではなく、「ニコン」(会社の上層部)が下したものだというのだ。

　中止の理由が聞けないうえに、彼らには中止決定を取り消す権限がない。それでは話にならないと、安さんらは面会を断った。翌日もほぼ同時刻に尾畑氏から電話が来たが、結果は一緒だった。

　その後、安さんは事務局に対して内容証明で写真展中止の理由を問う質問状を送ったが、映像カンパニーフォトカルチャー支援室室長、森真次氏名義の回答は、やはり「諸般の事情」を「総合的に判断」としか書いていない。同氏から

사정으로 취소할 수밖에 없다는 판단"을 내렸다고 답변했다고 한다. 그러면서 니콘살롱의 사업을 통괄하는 영상컴퍼니 포토컬쳐 지원실 실장과 함께 그 다음 날 중으로 찾아와서 사과하겠다고 말했다.

찾아온 그들은 "제반 사정이라는 말씀 외에는 드릴 수 없다"고 애매모호한 답변을 거듭했으며 결정은 니콘살롱 사무국이 아니라 경연진이 내린 것이라 밝혔다.

이유를 알 수 없는데다 취소 결정을 철회할 권한이 없는 사람을 만나도 소용이 없다며 안세홍 작가는 만나기를 거부했다. 거의 같은 시각에 오바타 씨에게서도 전화가 걸려 왔지만, 결과는 같았다.

그 후, 안세홍 작가는 사무국에 사진전이 취소된 이유를 질문하는 문서를 내용증명으로 발송했으나 영상컴퍼니 포토컬쳐 지원실 실장인 모리 신지 씨 명의로 날아온 답변에는 역시 "제반 사정"을 "종합적으로 판단"하였다는 답변뿐이었다. "사과서"도 받았으나 납득이 가는 설명을 듣지 못한 채로 안세홍 작가는 일방적

「お詫び」の書面も届いたが納得のいく説明を得られないまま、安さんは一方的に写真展中止を迫られた。開催のためには法的手段しか残されていなかった。

## 中止理由は「右派の抗議」ではなかった

この通告の直接のきっかけになったのが、ニコンへの抗議行動だったことはニコン自体も認めている。インターネット掲示板などでの慰安婦写真展開催に反対する書き込みや、安さんへの脅迫FAX、嫌がらせ電話など、非難の嵐が吹き荒れたのだ。

発端は、5月19日に朝日新聞（名古屋本社版）に掲載された黃澈（ファンチョル）記者の記事だった。

その記事は、「元慰安婦　撮り継ぐ」という見出しで、安さんの元慰安婦の取材活動や、取材を始めた経緯を紹介。また3月に写真展開催のために立ちあげられた実行委員会「重重（じゅうじゅう）プロジェクト」について取りあげ、日韓両政府の慰安婦問題の動向に触れながら、「作品を通じて世論の関心を高めていきたい」というプロジェクト・メンバーのコメントを掲載した。そして当日に名古屋で開催する講演会の内容や6月10日に三重県四日市で予定する講演会、さらには新宿ニコンサロンでの写真展についても短く触れられていた。

いわば、地域版によくある人物紹介の記事である。しかし、この記事が「朝日新聞、在日の記者、慰安婦問題」という、インターネット上で排外的な発言をする、いわゆる「ネット右翼」にとっては格好の標的になった。掲載後、インターネット掲示板「2ちゃんねる」などに「ニコンに

으로 사진전 취소를 강요받는 상황에 몰렸다. 이제 남은 건 법적 수단뿐이었다.

## 취소 이유는 "우익의 항의"가 아니었다

이 통보의 직접적인 계기가 된 것은 니콘에 대한 항의였다는 점은 그들도 인정한다. 인터넷 게시판 등에는 위안부 사진전 개최에 반대하는 악플이 넘쳐났고 안세홍 작가를 협박하는 팩스나 장난전화가 빗발치는 등, 비난이 쏟아졌다.

그 발단은 5월 19일에 아사히신문 나고야판에 실린 황철 기자의 기사였다.

"옛 위안부 찍어 다음 세대로"라는 표제의 그 기사는 그의 취재 활동과 경위, 3월에 사진전 개최를 위해 구성된 실행위원회 "겹겹 프로젝트"에 대해 소개하면서 한일 양국 정부의 동향에 대해서도 언급, "작품을 통해서 여론의 관심을 높이고 싶다"는 회원의 말을 실었다. 동시에 그날에 나고야에서 열리는 강연회와 6월 10일에 미에현 욧카이치시에서 열릴 강연회 내용, 그리고 신주쿠 니콘살롱에서의 사진전에 대해서도 짤막하게 소개하였다.

지역판에서 흔히 볼 수 있는 인물소개 기사에 불과한데 "아사히신문의 재일교포 기자가 쓴 위안부에 관한 기사"라는 점 때문에 인터넷 상에서 배외적인 발언을 일삼는 소위 "넷 우익"들의 공격대상이 되었다. 기사가 실리자 인터넷 게시판 "2채널"에는 "니콘 불매운동을 하자", "니콘에 항의 전화를 걸어 매국행위를 중지 시키자" 등의 댓글이 속속 올라와 인터넷 상에서 퍼져갔다.

5월 21일에는 도쿄 소재의 니콘 본사 총무

Chapter 2　13

# 元「慰安婦」撮り継ぐ

## 中国残留12人の「苦悩」取材した韓国人

名古屋市在住の韓国人写真家安世鴻さん(41)が、中国に戦後置き去りにされた朝鮮人の元従軍慰安婦を撮り続けている。この春、写真展などを企画する実行委員会を結成し、19日には名古屋市で講演会がある。

## きょう名古屋で講演

元慰安婦が重ねた苦悩に、問題の解決を願う思いを重ね、プロジェクト名は「重重」とした。

安さんは、韓国江原道出身。在日韓国人の妻と結婚し、2009年に来日した。1996年に元慰安婦らが暮らす韓国・広州市の「ナヌムの家」を取材し、中国に取り残された元慰安婦の存在を知り、01年から撮影してきた。

山東省で03年に会った、当時91歳の女性は「1歳の息子をおぶって洗濯中に、突然トラックの男たちに捕らえられた」と語った。別の女性は「あまりにおぞましく、慰安所から逃げたが3日後に捕まった。連帯責任だと、ほかの女性まで暴行を受けた」と話した。

安さんは「自力で帰国できず、『死ねば故郷に戻れるのだろうか』と話す彼女たちの今を表現するよう心がけた」という。取材した女性は計12人だが、すでに7人が他界した。多くの人に訴えようと、今年3月、日本人と在日韓国人ら7人で実行委員会をつくり、写真展などを企画した。

安世鴻さん

⬆自宅にはった地図上の朝鮮半島を見ながら、「帰りたい、帰りたい」と漏らす元従軍慰安婦の女性=03年、山東省・乳山 ⬇過去の忌まわしい記憶がよみがえり、苦悩の表情を浮かべる女性=01年、北京、いずれも安世鴻さん提供

騒動の発端になった朝日新聞名古屋本社版の記事
(2012年5月19日付朝刊)

不買運動をすべきだ」「抗議電話をして売国行為をやめさせよう」といった抗議の書き込みが相次ぎ、ネット上を拡散していった。

　5月21日には東京の株式会社ニコン本社総務部や広報・IR部にも直接抗議のメール、電話、FAXなどが多数寄せられるようになり、そのなかにはニコンの株主からの抗議もあった（東京地裁に提出された尾畑正光氏の陳述書による）。

　この抗議行動を受けて、22日にニコンは役員を含む8名で対策を協議。その結果、写真展は中止とすること、そして理由を「外部には『諸般の事情により』とのみ説明」することが決定された（同陳述書による）。

　こうした背景から、当初は内外のメディアでは「右派の抗議」によって、ニコンは写真展開催を中止した、という論調が主流だった。24日の新聞各紙の記事もその文脈で報道している。

　ところが、その後、6月4日に安さんが写真展開催の仮処分を東京地方裁判所（以下、東京地裁）に申し立てたところ、ニコンが提出した答弁書には意外な内容が書かれていた。

　写真展中止の理由としてきた「諸般の事情」の内容を、安さんの「写真展の政治性」に求めたのだ。こうして事態は思わぬ方向に展開する。

부나 홍보 IR부에도 항의 메일, 전화, 팩스가 쇄도했는데, 그중에는 주주도 있었다고 한다. (도쿄지법에 제출된 오바타 마사미츠 씨의 진술서에 따른 내용.)

　이러한 항의를 받아, 니콘은 22일에 임원을 포함한 8명으로 대책을 협의한 결과, 사진전을 취소하고 대외적으로는 "제반 사정"에 의한 것이라는 설명만 하기로 하였다. (상기 진술서에 따른 내용.)

　이러한 배경 때문에 애당초 일본 국내외 언론에서는 "우익의 항의" 때문에 니콘은 사진전 취소를 결정했다는 논조가 주류를 이루었다. 24일 자 각 신문도 그러한 맥락으로 보도했다.

　그런데 6월 4일에 안세홍 작가가 사진전 개최의 가처분신청을 도쿄지방법원에 냈는데 니콘 측이 제출한 답변서에는 뜻밖의 내용이 적혀 있었다.

　취소 이유로 들었던 "제반 사정"이란 "사진전의 정치성"이라고 밝혔다. 이로 인해 사태는 예상외의 방향으로 전개되었다.

## 元慰安婦テーマの写真展
# 会場に抗議 中止

戦後、中国に置き去りにされた元朝鮮人従軍慰安婦を題材にし、6月に東京で開催予定だった写真展が、会場を運営するニコンの決定で、中止になったことが分かった。同社には、写真展に抗議する電話が複数あったという。主催者は「ニコンから納得のいく説明がなく、中止は受け入れられない」と話している。

写真展は、名古屋市在住の韓国人写真家安世鴻さん(41)が企画したもので、2001年以降、中国各地で安さんが撮影した元従軍慰安婦の女性たちの今を扱った作品約40点を展示する内容。昨年12月にニコンに申し込んだところ、写真家ら5人で構成する選考委員会で認められ、6月26～7月9日に新宿ニコンサロンで開くことが決まっていた。

ところが、22日午後、ニコンは突然、安さんに中止を通告。担当者は「理由は言えない。名古屋におわびにうかがいたい」などと話したという。

この写真展を巡っては、21日ごろから、インターネットの掲示板などで、「外国のプロパガンダ」「歴史の捏造に加担する売国行為」などの投稿が目立ち、ニコンへの抗議を呼びかける書き込みもあった。

朝日新聞の取材に対し、ニコン広報課は「写真展の開催に複数の抗議があったことは事実だが、中止は諸般の事情を総合的に判断して決めた」としている。（黄澈）

慰安婦写真展中止を伝える朝日新聞(2012年5月24日付朝刊)

위안부 사진전 취소를 보도하는 아사히신문 (2012년 5월 24일 자 조간)

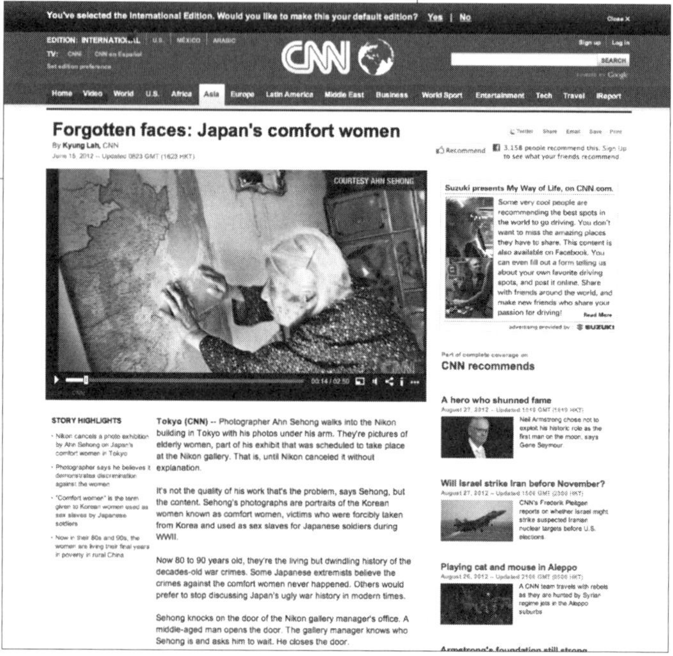
You've selected the International Edition. Would you like to make this your default edition? Yes | No

CNN

Home Video World U.S. Africa Asia Europe Latin America Middle East Business World Sport Entertainment Tech Travel iReport

### Forgotten faces: Japan's comfort women

By Kyung Lah, CNN

June 15, 2012 -- Updated 0823 GMT (1623 HKT)

STORY HIGHLIGHTS

- Nikon cancels a photo exhibition by Ahn Sehong on Japan's comfort women in Tokyo
- Photographer says he believes it demonstrates discrimination against the women
- "Comfort women" is the term given to Korean women used as sex slaves by Japanese soldiers
- Now in their 80s and 90s, the women are living their final years in poverty in rural China

Tokyo (CNN) -- Photographer Ahn Sehong walks into the Nikon building in Tokyo with his photos under his arm. They're pictures of elderly women, part of his exhibit that was scheduled to take place at the Nikon gallery. That is, until Nikon canceled it without explanation.

It's not the quality of his work that's the problem, says Sehong, but the content. Sehong's photographs are portraits of the Korean women known as comfort women, victims who were forcibly taken from Korea and used as sex slaves for Japanese soldiers during WWII.

Now 80 to 90 years old, they're the living but dwindling history of the decades-old war crimes. Some Japanese extremists believe the crimes against the comfort women never happened. Others would prefer to stop discussing Japan's ugly war history in modern times.

Sehong knocks on the door of the Nikon gallery manager's office. A middle-aged man opens the door. The gallery manager knows who Sehong is and asks him to wait. He closes the door.

Suzuki presents My Way of Life, on CNN.com.

CNN recommends

A hero who shunned fame

Will Israel strike Iran before November?

Playing cat and mouse in Aleppo

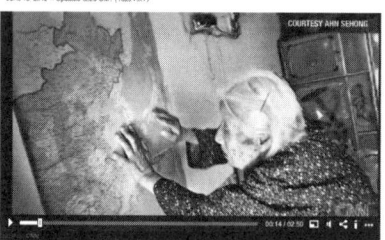

米国のCNNも慰安婦写真展を中止したニコン事件について報道=2012年6月15日(CNNのホームページから)

미국 CNN도 위안부 사진전 개최를 취소한 니콘 사태에 대해 보도 (2012년 6월 15일, CNN 웹사이트)

# 寄稿 ① 기고문

## ニコンサロン・安さん写真展取り消し問題
### 니콘살롱・안세홍 작가 사진전 취소 사태

**豊田直巳** とよだ なおみ 토요다 나오미
(フォトジャーナリスト／JVJA会員)
(포토 저널리스트/JVJA회원)

「表現の自由は、その表現がなされることによってしか守られない」とフォトジャーナリストの豊田直巳氏は語る。安世鴻氏の窮地を知り、いち早く協力を表明。2012年6月26日、東京・有楽町の日本外国特派員協会で開かれた安氏の記者会見にも駆けつけた。懸念するのは、近年増す報道現場への締めつけだ。

"표현의 자유는 그것이 표현 되어짐으로써 지켜진다" 포토 저널리스트 토요다 씨는 그렇게 말한다. 안세홍 작가가 궁지에 몰린 것을 알게 된 그는 재빨리 협력할 것을 표명하였고 6월26일에 일본 외국특파원협회에서 열린 안세홍 작가의 기자회견에도 참여하였다. 그가 우려하는 것은 최근들어 늘어만 가는 보도현장에 대한 압박이다.

## 取材と報道の権利を守るために

私の参加するJVJA(日本ビジュアル・ジャーナリスト協会)の会員メーリングリストに、共同代表の綿井健陽からメールが流れたのは5月23日。「安世鴻日本軍『慰安婦』写真展実行委員会」(重重プロジェクト)より協力依頼の電話があったというのだ。ニコンサロンの担当者から「写真展を中止してほしい。理由についてはお話できない」との電話が「重重プロジェクト」にかかってきたという翌日である。そして、綿井は「憂慮すべき事態です。協力しましょう」とJVJAの仲間たちにメーリングリストで呼びかけた。

私たちJVJAに参加する仲間は写真や映像を通してジャーナリズム活動を続けてきたプロである。JVJA規約で、私たちは会の目的の一つに「取材と報道の権利を守る」と掲げ、世界の報道の自由の現状を「9・11の同時多発テロとその報復攻撃以降、時代は以前に比べてはるかに複雑で危険になっているように感じられます。同時にジャーナリストへの締め付けが、従来にも増して大きくなり、取材と報道の権利と義務を守ることは困難になってきています」と認識を明記した。

そして、だからこそ私たちは「ジャーナリストとしての仕事を守るための横のつながりをもち、様々な事態に対処したいと考えています」と表明してきた。

## 취재와 보도의 권리를 지키기 위해

5월 23일, 내가 참여하고 있는 JVJA (일본 비쥬얼 저널리스트협회) 의 공동대표를 맡은 와타이 타 케하루가 회원들에게 메일을 보냈다. "안세홍 일본군 '위안부' 사진전 실행위원회"(겹겹프로젝트) 에서 협력을 의뢰하는 전화가 걸려왔다는 내용이었다. 니콘살롱 담당자에게서 "사진전을 취소해달라, 이유는 밝힐 수 없다"는 내용의 전화가 겹겹프로젝트에 걸려온 다음 날 일이었다. 그리고 와타이는 "이것은 우려해야 할 사태다, 협력하자"고 JVJA 회원들에게 메일링 리스트를 통해 호소했.
JVJA의 회원들은 사진이나 영상을 통해 저널리즘 활동을 펼쳐온 프로들이다. JVJA규약에는 "취재와 보도의 권리를 지킨다" 는 것을 목적으로 내걸어, 전세계 보도의 자유에 대한 현상황을 "9.11테러와 그에 대한 보복공격 이후, 시대는 이전과 비교해 훨씬 더 복잡해졌고 위험해진 것처럼 느낀다. 아울러 저널리스트에 대한 압박이 더 강해졌고 취재와 보도의 권리, 그리고 그 의무를 지키기란 점점 어려워지고 있다"는 인식을 명기했다.

그런 만큼 우리는 "저널리스트란 직업을 지키기 위한 수평적 유대관계를 다져, 각가지 사태에 대처하고자 한다"고 표명하였다. 이번 니콘살롱의 문제는 바로 우리JVJA회원들이 우려하는 보도의 자유,

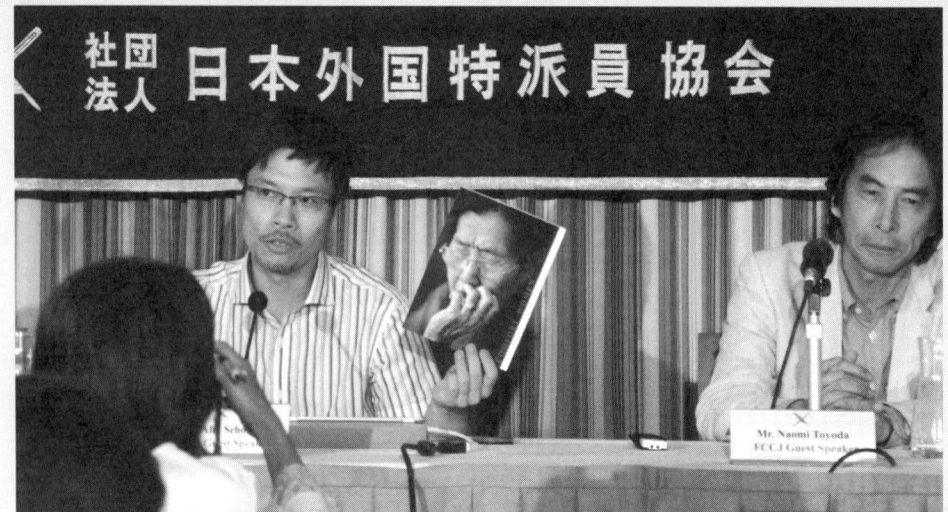

東京・有楽町の日本外国特派員協会で慰安婦写真展中止事件について記者会見する安世鴻氏(左)と豊田直巳氏=2012年6月28日(撮影:新藤健一)

도쿄 소재의 일본 해외특파원협회 (FCCJ) 에서 위안부 사진전 취소 사태에 대해서 기자회견을 하고 있는 안세홍씨(왼쪽)와 토요다 나오미씨(오른쪽). 2012년 6월 28일(촬영:신도 켄이치)

今回のニコンサロンの問題は、まさに私たちJVJAの仲間が危惧する報道の自由、表現の自由の侵害ではないかと、私も「協力」に即座に同意した。

しかし、問題は、どのようにニコンサロンに「中止」の意思を撤回させ、安世鴻氏の写真展を当初の予定どおりに開催させるか、に注力するべきかだ。表立った形ばかりの意思表示をして、結果的に写真展が開催されないという事態は避けたいと考えたのだ。ニコンサロンに圧力をかけて写真展を中止に追い込みたいと考え、実際にニコンサロンに「抗議」行動を起こした勢力の思うつぼにさせたくなかった。

## あらゆる表現は政治性を帯びる

私たちは写真や映像という表現活動を通してジャーナリズムを実践してきたし、そのための組織がJVJAである。表現の自由は、その表現がなされることによってしか守られないと考えてきたのだ。だから何よりも優先されるべきは、予定どおり写真展が開催されることだと考えた。表現の自由を強調するのは、ニコンサロンが「理由についてはお話できない」と言ってきたが、マスメディアを介して「事件」が顕在化すれば、問題の焦点が安世鴻氏の写真のテーマである「中国残留朝鮮人『慰安婦』」の持つ政

표현의 자유에 대한 침해가 아닌가는 생각이 들어 나도 즉시 "협력"에 동의하였다.

그러나 문제는 어떻게 니콘살롱에 "취소" 의사를 철회시켜 안세홍 작가의 사진전을 당초 예정대로 개최시키느냐에 있었다. 눈길을 끄는 의사표시만으로 끝나 결국 사진전 개최가 무산되는 결과만은 피하고 싶었다. 니콘살롱에 압력을 가해 사진전 개최를 취소로 몰아넣으려 실제로 니콘살롱에 대해 "항의" 활동을 일으킨 세력들의 계략에 빠지는 일만은 피하고 싶었던 것이다.

## 모든 표현은 정치성을 띤다

우리는 사진이나 영상이라는 표현활동을 통해 저널리즘을 실천해왔는데, 그를 위한 조직이 바로 JVJA이다. 표현의 자유는 그것이 표현 되어짐으로써 지켜진다고 생각해왔다. 그러므로 무엇보다도 우선해야 할 것은 예정대로 사진전이 개최되는 일이라 생각하였다. 재차 표현의 자유를 강조하는 것은 니콘살롱이 "이유를 밝힐 수 없다"고 말해 왔는데, 언론을 통해 "사태"가 표면화되면 문제의 초점이 안세홍 작가의 사진 주제인 "중국에 남겨진 조선인 '위안부'"가 갖는 정치성에 돌아갈 우려가 크다고 생각하였기 때문이다. 그러나 나는 사진의 주제성에만

治性にのみ帰す可能性が高いと思ったからである。しかし私は、写真のテーマ性にのみ焦点があてられることを危惧した。

確かに、ニコンサロンに圧力をかけた者たちは、「日本軍の性奴隷」とも呼ばれる歴史的事実としての「日本軍慰安婦」の存在を否定したいという政治的意図ゆえの行動に出たのだろう。その意味では、逆説的だが安世鴻氏の『中国残留朝鮮人『慰安婦』』の写真は充分に政治的だったのだ。

しかし、そもそも、である。世のあらゆる表現は私的空間から公的表現の場に移ったときは、表現者の主観を超えて政治性を帯びると解するのは現代では常識の範疇(はんちゅう)だろう。そして表現活動に携わるニコンサロンもそのことを知らないはずはない。だからこそ、これまでも重いテーマであっても大切な「水俣病(みなまた)」の写真も、またまさに「日本軍慰安婦」の写真もニコンサロンで掲げられてきたのだ。

## 表現の自由を放棄したニコンサロン

だから、ありえそうもないことだが、もし仮に「日本軍慰安婦」の写真に拒否反応を示す人々が、自らの政治性の主張をニコンサロンに求めるならば、自らの写真表現として示すべきである。その場合には、もちろんニコンサロンの展示にふさわしい質と量の写真が彼らに求められるのは当然である。そして、ニコンサロン側も、彼らにそれを求めるべきだったと私は考える。

しかし、何を勘違いしたのか「抗議」者は、その意思を表現としてではなく、政治的行動で行い、ニコンサロンはその政治に屈服した。写真展開催の中止という、最も重要視されなければならないはずの表現の自由を放棄して。だからこそ、私(私たち)は、写真展開催に向けて協力し、そしてニコンサロンでの開催が実現できたことを喜んだ。そのことを6月28日の日本外国人特派員協会での記者会見で私は述べたつもりだが……。

それにしても、その観点から、日本写真協会や日本写真家協会など直接的に写真表現を旨とする団体からの、この問題に対する意思表示のなかったことは極めて残念だった。問題の焦点は写真家たちが選んだ被写体やテーマだけに留まることではないのだから。

초점에 맞춰질 것을 우려하였다.

물론 니콘살롱에 압력을 가한 이들은 "일본군의 성노예"라 불리는 역사적인 사실로서의 "일본군 위안부"의 존재를 부정하려는 정치적 의도가 있어서 그러한 행동에 나섰으리라 본다. 그러한 의미로 볼 때, 역설적이긴 하나 안세홍 작가의 "중국에 남겨진 조선인 '위안부'" 사진은 충분히 정치적이었던 것이다.

그러나 무릇 세상의 모든 표현은 사적인 공간에서 공적인 표현의 장으로 옮겨진 순간부터 표현자의 주관을 넘어 정치성을 띤다는 해석이 현대사회에서는 상식의 범주에 들어가는데 표현활동을 펼치는 니콘살롱도 그 점에 대해 모를 리가 없다. 그러기에 다루기가 쉽지 않으면서도 중요한 주제인 "미나마타병"에 관한 사진도 "일본군 위안부"의 사진도 니콘살롱에서 전시해 온 것이다.

## 표현의 자유를 포기한 니콘살롱

따라서 "일본군 위안부" 사진에 거부반응을 일으킨 이들이 니콘살롱에 자신들의 정치적 주장을 하게 해달라고 니콘살롱에 요구한다면, 사진표현을 통해서 해야 할 것이다. 물론 있을 수 없는 일이지만 말이다. 그럴 경우, 당연히 니콘살롱의 지위에 걸맞는 질과 양이 요구될 것이다. 그리고 니콘살롱 측도 그들에게 그것을 요구했어야 마땅하다고 본다.

그런데 무엇을 잘못 알았는지 "항의"자들은 그들의 의사표시를 표현을 통해서가 아니라, 정치적 활동을 통해서 펼쳤고 니콘살롱은 그 정치에 굴복하였다. 가장 중요시해야 할 표현의 자유를 포기한 채로. 그러기에 나(우리)는 사진전 개최를 위해 협력했고 개최가 실현된 데 대해 기뻐했다. 나는 6월 28일에 열렸던 외국특파원협회에서의 기자회견에서 그것을 분명히 말했는데 말이다.

그러한 관점에서 일본사진협회나 일본사진가협회 등 사진표현을 주된 목적으로 활동하는 단체가 이 문제에 대한 의사표시를 하지 않은 데 대해 심히 유감스럽게 생각한다. 문제의 초점은 사진가들이 선택한 피사체나 주제에만 머무르는 문제가 아니기에.

# Chapter 3

## 地裁の正論、ニコンの暴論
## 사법의 정론, 니콘의 폭론

**2012年6月20日に下された東京地裁の仮処分。その判断に大きな注目が集まった。しかし驚くべきは、ニコンの答弁書の内容だ。ニコンは何を守ろうとしているのか？**

2012년 6월 20일에 내려진 도쿄지법의 가처분결정에는 세간의 이목이 집중되었다. 경악스러운 내용의 니콘 측 답변서. 그들은 대체 무엇을 지키려 하였는가?

### 写真展中止は"安さんのせい"

2012年6月20日、韓国人写真家、安世鴻(アンセホン)さんが申請した仮処分に対する東京地裁の決定が下された。安さんの主張が全面的に認められ、東京地裁はニコン側に写真展を開催するよう命令した。

ここで注目したいのは、6月10日にニコン側が提出した答弁書である。そこには、写真展中止の"本当の理由"が次のように書かれていたのだ。

> ニコンサロンの本来の目的は「写真文化の向上」であるところ、安氏の写真展が政治活動の一環として行われるものであり、本来の目的に合致しないことが明白となったので、ニコンは「展示」という便益の提供を中止したものである。抗議行動そのものを理由として中止したものではない。

つまりニコンは、写真展中止は"安さんのせい"だと述べたのである。具体的にニコンの主張を見てみよう。

### 사진전 취소는 "안세홍 작가 탓"

2012년 6월 20일, 안세홍 작가가 신청했던 가처분에 대한 도쿄지법의 결정이 내려졌다. 안세홍 작가의 주장을 전면적으로 받아들여 니콘 측에 사진전을 개최하도록 명령했다.

여기서 주목할 만한 것은 6월 10일에 니콘 측이 제출한 답변서 내용이다. 그것에는 사진전 취소의 "참된 이유" 가 적혀 있었다.

> 니콘살롱의 본래 목적은 "사진문화의 향상" 에 있는데, 안세홍 작가의 사진전은 정치활동의 일환으로 행해지는 것으로 본래 목적에 합당하지 않음이 명백해짐에 따라 니콘은 "전시" 라는 편의 제공을 취소한 바이다. 항의 행동 자체로 인하여 취소한 것이 아니다.

다시 말하자면, 니콘은 사진전 취소를 "안세홍 작가" 탓으로 돌린 것이다. 니콘 측의 주장을 구체적으로 살펴보도록 하자.

니콘이 안세홍 작가의 사진전이 "정치활동" 이라 주장하는 근거는 "'사진전 명칭' 에 중대

> 平成24年（ヨ）第1949号　施設使用仮処分命令申立事件
>
> 　　　　　　　決　　　定
>
> 　当事者の表示　別紙当事者目録記載のとおり
>
> 　上記当事者間の頭書事件について，当裁判所は，債権者に１００万円の担保を立てさせて，次のとおり決定する。
>
> 　　　　　　　主　　　文
>
> 　債務者は，債権者に対し，平成24年6月25日から同年7月9日のそれぞれ午前10時30分から午後6時30分までの間（ただし，同年6月25日は午後3時から午後6時30分までの間），東京都新宿区西新宿1丁目6番1号所在の新宿エルタワー28階ニコンプラザ新宿内新宿ニコンサロンを，債権者の写真展のため，仮に使用させなければならない。

東京地裁の仮処分決定と「主文」(2012年6月20日付)　　도쿄지법의 가처분결정과 판결주문(2012년 6월 20일)

　ニコンが安さんの写真展が「政治活動の一環」と主張する根拠は，「『写真展名』の重大な変更があり，マスコミを通じた政治活動が行われていること」だという。

　まず写真展名の変更だが，安さんが4月にパブリシティ用（告知用）の原稿を提出した際に，写真展名を「重重(layer by layer)」から「重重－中国に残された朝鮮人元日本軍『慰安婦』の女性たち」に変更したことが，「重大な変更」だと主張する。政治活動の一環としての名称変更だというのだ。

　ちなみに，この名称変更はその時点でニコンサロン事務局は「単なる写真展名の変更である」と問題視しなかったうえ，写真展の内容説明には最初から「中国に残された朝鮮人『元日本軍慰安婦』の女性たち」という表現が使われている。つまり，選考委員は内容を知っていて優秀作品に選んでいる。

한 변경이 있었고 언론을 통한 정치활동이 행해지고 있다"는 점이다.

먼저, 사진전의 명칭인데, 안세홍 작가가 4월에 홍보용 원고를 제출했을 때, 사진전 명칭을 "겹겹(layer by layer)"에서 "겹겹-중국에 남겨진 조선인 옛 일본군 '위안부' 여성들"로 변경한 점을 "중대한 변경"으로 정치활동의 일환으로서의 명칭 변경이라 주장하였다.

참고로, 명칭을 변경했을 때 니콘살롱 사무국은 "단순한 사진전 명칭의 변경"이라고 문제시하지 않았는데다 사진전 내용 설명에는 애당초부터 "중국에 남겨진 조선인 '옛 일본군 위안부'의 여성들"이라는 표현을 사용하였다. 즉, 선정위원들은 내용을 알고서 우수작품으로 선정한 것이다.

변경에 대한 설명이 그 자리에서 없었다고 이 변경은 "중대"하다고 주장함은 문제를 침소봉대하려 했던 것으로 보인다.

Chapter 3　21

内容説明は公表されないから、この変更は「重大」だったと、あと出しで主張するのはことさら問題を針小棒大にしているようにしか見えない。

それに選考委員をないがしろにした話でもある。この問題の過程で選考委員の竹内万里子氏が辞任したのも、こうしたニコンの姿勢に対する抗議だったに違いない。

### 「重重プロジェクト」とは？

次に「マスコミを通じた政治活動」。これは前述の朝日新聞の記事を指している。いわば朝日新聞が政治活動の道具にされているという見解を示したわけである。そして慰安婦の写真展開催を活動内容とする「重重プロジェクト」（URL：http://juju.project.net）の代表を安さんが務めていることから、新宿ニコンサロンでの写真展も「政治活動の一環」だと主張する。

ここで「重重プロジェクト」について、簡単に説明しておこう。このプロジェクトはカンパなどによって安さんの写真展を支える活動だ。活動趣旨を妻の李史織さんは、次のように説明する。

> 日本軍「慰安婦」についての歴史的事実は、少なからぬ資料とハルモニたちによるオーラルヒストリーなどによってその真実が明らかにされてきました。ですが、その真実を知らない人が多くいます。
>
> そこで「重重プロジェクト」は感動を与えることのできる写真を通し、表現することでこの問題の解決を訴えかけています。
>
> 写真の中のハルモニたちは、政治的な陳述

그리고 사진을 선정한 선정위원들을 업신여기는 거나 마찬가지다. 사태의 과정에서 선정위원 타케우치 마리코 씨가 사임한 것도 그러한 니콘 측의 자세에 대한 항의였음이 틀림없다.

### "겹겹프로젝트"란?

다음으로 "언론을 통한 정치활동"이란 무엇인가? 이는 전술한 아사히신문의 기사를 가리킨다. 다시 말하자면 아사히신문이 정치활동의 도구가 되었다는 견해를 제시한 것이다. 그러면서 위안부 사진전 개최를 활동 목적으로 하는 "겹겹포르젝트"(URL : http://juju.project.net) 의 대표를 안세홍 작가가 맡았기 때문에 신주쿠 니콘살롱에서의 사진전도 "정치활동의 일환"이라 주장한다.

"겹겹프로젝트"에 대해 간단하게 설명하자면, 성금 등을 모아 그의 사진전을 지원하는 활동이다. 활동 취지에 대해 이사적 씨는 다음과 같이 설명했다.

> 일본군 "위안부"의 역사적 사실은 수 많은 자료와 할머니들의 구술사에 의해 그 진실이 밝혀졌습니다. 그런데 그 사실을 모르는 사람들도 여전히 많습니다.
>
> 그래서 "겹겹프로젝트"는 감동을 줄 수 있는 사진을 통해 표현함으로써 이 문제의 해결을 호소합니다.
>
> 사진 속의 할머니들은 정치적인 이야기를 하는 것도 아니고 사진을 통해 일본 우익들이 요구하는 증거를 제시하는 것도 아닙니다. 그저 할머니들 과거의 기억과 고독에서 오는 슬픔이

「重重プロジェクト」のパンフレット　　　　　겹겹프로젝트의 팜플렛

するわけでもなければ、写真を通して一般的に言われている「証拠」を提示するわけでもありません。過去の記憶と孤独による悲しみや痛みを、数十年間の年月の間いまも心に抱えて生きている、彼女たちのただありのままの姿。でも、その姿から伝わってくるものは被写体の幾重にも積み重なった石のように固く重い「恨(ハン)」そのものです。

年月を重ねるたびに増え重なるハルモニたちの皺と恨、そして70年近くたっても終わらない戦争の痛みを繰り返さないために、私たちの一つひとつの小さな力を幾重にも重ねて大きな力に変えていきたいと思い、写真展を開催しています。

### 「政治性が付加されていないことも条件」

このプロジェクトが政治性を持つかどうかよりも、問題は別のところにある。ニコンサロンの応募条件には「写真文化の向上を目的とする」としか明示されていないにも関わらず、ニコン側が答弁書において、「政治性が付加されていないことも条件となる」と言明したのだ。

ここで言う政治性とは、ニコンによると「本来自由であるべき、写真が伝える『ありのまま』の映像から受け手が感じ取る価値観、イメージを、一定の方向に導こうとする『政治活動』など、意図的に影響を与える作用」だというが、この条件提示には、あらゆるジャーナリストが閉口し、恐怖を覚えただろう。「政治性」を判断するのは、他でもないニコンだからだ。

ちなみに、中止通告4日前の5月18日に安さんの手元に大阪ニコンサロンでの「アンコール写

な痛みを数十年 年 동안 마음속에 가둬 둔채 살아온, 있는 그대로의 모습이 있을 뿐입니다. 그러나 그 모습에서 느껴지는 것은 피사체의 겹겹이 쌓여진 돌과 같이 굳고 무거운 "한" 그 자체입니다.

세월이 지남에 따라 늘어만 가는 할머니들의 주름과 "한", 그리고 70년에 가까운 세월이 흘러도 끝날 줄 모르는 전쟁의 아픔을 되풀이하지 않기 위해 우리의 작은 힘을 하나씩 모아서 큰 힘으로 만들려 생각해 사진전을 개최하고 있습니다.

### "정치성이 부가되어 있지 않은 것도 조건"

이 프로젝트의 정치성 유무보다도 문제는 따로 있다. 니콘살롱의 응모 조건은 단 하나, "사진문화의 향상을 목적으로 한다"이다. 그럼에도 니콘 측은 답변서에서 "정치성이 부가되어 있지 않은 것도 조건"이라 주장하였다.

그들이 말하는 정치성이란 "본래 자유로워야 할 '있는 그대로의' 영상으로부터 관객이 느끼며 받아들이는 가치관, 이미지를 일정한 방향으로 이끌어 가려는 "정치활동" 등, 의도적으로 영향을 주는 작용"이라 하는데, 니콘이 제시한 이 조건은 모든 저널리스트를 난처하게 함과 동시에 공포를 느끼게 했을 것이다. "정치성" 유무의 판단은 다름아닌 니콘이 한다고 단언한 것이나 마찬가지이기 때문이다.

참고로, 취소 통보 1주일 전인 5월 18일에 안세홍 작가는 오사카 니콘살롱에서의 "앙코르 사진전" 개최 통지를 받았는데 대해 니콘 측은 "작가가 오사카 니콘살롱 근교에 거주할 경우, 관례로 "앙코르 사진전"의 타이틀로 오

東京・霞が関の司法記者クラブで慰安婦写真展中止事件について話す安世鴻氏(左)と代理人の李春熙(リ・チュニ)弁護士(右)＝2012年5月22日(撮影：新藤健一)

도쿄 소재 사법기자클럽에서 위안부 사진전 취소 사태에 대해 말하는 안세홍 작가 (왼쪽) 와 대리인인 이춘희 변호사 (오른쪽) 2012년 5월 22일(촬영: 신도 켄이치)

真展」開催の通知が届いていたことに対して、ニコンは「作者が大阪ニコンサロンの近郊に在住している場合、慣例として『アンコール写真展』のタイトルで自動的に大阪ニコンサロンでの開催を打診する」と主張している。「写真文化の向上」を訴えるニコンにしては、関西近辺在住の写真家をずいぶん愚弄した話ではないだろうか。

こうしてニコンはどう見ても無理のある理屈で自己正当化し、ニコンサロンは一方的に無償で便宜を与えているのだから、一方的に中止にしても問題がない。むしろ問題があるのは、安さんの「政治活動」だと、主張したのだった。

### 地に堕ちた"世界のニコン"

このニコン側の主張を退け、東京地裁は予定

사카 니콘살롱에서의 사진전 개최를 타진한다"고 주장했다. "사진문화의 향상"을 외치는 니콘인데 칸사이 지방의 사진가들을 우롱하는 이러한 주장을 어찌 할 수 있겠는가?

이렇게 해서 니콘은 아무리 봐도 억지 주장으로 자기정당화시켜 니콘살롱은 일방적인 무상 편의 제공이므로 일방적으로 취소해도 전혀문제가 없으며 오히려 문제는 안씨 측의 "정치성"에 있다고 주장한 것이다.

### 땅에 떨어진 "니콘의 세계적인 명성"

도쿄지법은 이 니콘 측의 주장을 기각하여 사진전을 예정대로 개최할 것을 명령하였다. 도쿄지법의 판결은 니콘 측의 주장과 상당한 대조를 이루었는데, 일부를 발췌해서 소개한다.

Chapter 3  25

通りの写真展の開催を命令した。その際、以下のような理由で判断したのは、ニコン側の主張と対照を成していた。一部抜粋してみよう。

　ニコンサロンは写真文化の向上を目的とする写真展に貸与する旨が表示されていることは認められるものの、この表示から、政治性が付加されていないことを条件とする旨の表示がされているとはいえず、他にそのような条件が表示されていると認めるに足りる疎明資料もない。
　開催される写真展が政治性を有し、あるいは政治活動としての意味をも有するものであるとしても、それは、写真文化の向上という目的と併存し得るものであって（中略）政治活動としての意味を有することが、直ちに応募条件に違反するとはいえない。（中略）写真展の内容が一定の政治性を有していることや写真展が他の政治活動と一定のかかわりを持っていることが、直ちに、上記写真文化の向上の目的に反したものと解することはできない。
　重重プロジェクトは（中略）政治活動と一定のかかわりを有していることは否定できない。
　しかしながら、同プロジェクトは上記（慰安婦問題の早期解決を目標としている点など――筆者注）の限度で政治性が認められるにとどまり、本件写真展が債務者（ニコン――筆者注）の審査、承諾を得た当初の申込み内容に従った写真をそのまま展示するものである（中略）。
　そもそも、写真文化はその扱うテーマによっては一定の政治性を帯びつつも、写真技術として、あるいは芸術表現として独立の価値を認められながら発展してきたとみられるのであり、

니콘살롱은 사진문화의 향상을 목적으로 하는 사진전에 대여하는바 제시되었는데, 이에는 정치성이 부가되어 있지 않음이 조건으로 제시되어 있다고 인정할 수 없으며, 그러한 조건이 제시되어 있음을 증명할 충분한 소명자료도 없다.

개최되는 사진전이 정치성을 띠거나 혹은 정치활동의 의미를 가진다고 하더라도, 그것은 사진문화의 향상이라는 목적과 병존 가능한 것으로 (중략) 정치활동의 의미를 가지는 점이 꼭 응모 조건에 위반한다고 볼 수 없다. (중략) 사진전의 내용이 일정한 정치성을 띠거나 혹은 사진전이 다른 정치활동과 일정한 관련이 있는 점이 꼭 상기 사진문화의 향상이라는 목적에 위배된다고 볼 수는 없다.

겹겹프로젝트는 (중략) 정치활동과 일정한 관련이 있음을 부정할 수 없다.

그러나 이 프로젝트는 정치성의 범위가 상기 (필자 주: 일본군 위안부 문제의 조기 해결을 목표로 하는 점 등) 한도 내에 머무르며, 본건 사진전이 채무자 (필자 주: 니콘) 의 심사, 승낙을 받은 당초 신청 내용에 따른 사진은 그대로 전시하는 것이다. (중략)

원래, 사진문화는 취급하는 주제에 따라서는 일정한 정치성을 띠면서도 사진 기술 혹은 표현 예술로 독립적인 가치를 인정받으며 발전해 온 것으로 볼 수 있으므로, 채무자는 본건 신청서의 기재된 내용 등을 전제로 하여 본건 사진전의 전시장으로 본건 시설 (필자 주: 신주쿠 니콘살롱) 사용을 승낙하였음으로 채권자 (필자 주: 안세홍 작가) 가 본건 신청서에 기재된

債務者は、本件申込書の記載内容等を前提として、本件写真展の会場として本件施設(新宿ニコンサロン——筆者注)を使用させることを承諾しているのであるから、債権者(安さん——筆者注)が本件申込書の記載内容から想定され得る活動を写真家として行ったとしても、そのことを理由に本件施設使用契約の解約を認めることは相当でない。
(原文に改行が少ないため、読みやすくなるように一部改行した——筆者注)

どうだろう? 皆さんはどちらが正論と思われるだろうか。

東京地裁も指摘するとおり、たしかに安さんの写真展は一定の政治性を持つだろう。しかし、それも含めて表現の自由が認められることこそが、民主主義社会の前提ではなかったか。その表現の場を、自由を、日本の写真界を牽引してきたニコン自らが放棄したと宣言したのも同然である。"世界のニコン"は地に堕ちたのか。

내용에서 상정할 수 있는 활동을 사진가로서 한다고 해도 그것을 이유로 본건 시설 사용계약의 해제를 인정할 수 없다.

과연 어느 쪽 주장이 정론일까?

도쿄지법의 판결대로, 안세홍 작가의 사진전은 일정한 정치성을 띠고 있다. 그러나, 그것을 포함해서 표현의 자유를 인정하는 것이야말로 민주주의 사회의 전제가 아니었는가? 그 표현의 장과 자유를 일본 사진계를 견인해 온 니콘 스스로가 포기한다고 선언한 것이나 마찬가지다. "니콘의 세계적인 명성"은 땅에 떨어진 것일까?

# 元慰安婦写真展へ会場提供命じる

## ニコンに東京地裁仮処分

今月26日から東京・新宿で開催予定だった元従軍慰安婦に関する写真展をめぐり、会場を運営するニコンが中止を決めた問題で、東京地裁（伊丹恭裁判長）は22日、この写真展のために会場を使用させるようニコンに命じる仮処分決定を出した。ニコンは異議を申し立てた。

仮処分を申し立てていたのは、写真展を企画した名古屋市在住の韓国人写真家、安世鴻さん（41）。昨年12月に会場の使用を申し込み、写真家ら5人による選考を経て、今月26日～7月9日に新宿のニコンサロンで開くことが決まった。しかし、ニコンは5月22日に写真展の中止を安さんに伝えた。

当時、ネット上に「歴史の捏造に加担する売国行為」などと批判する内容の投稿が相次ぎ、ニコンにも抗議電話が寄せられていた。

ニコン側は仮処分の審理で、このサロンが「写真文化の向上を目的とする写真展」に貸すための施設と強調。「政治性がないことが応募条件であり、これに反する」などと中止の正当性を主張した。

これに対し、決定は「そのような条件は明示されていない」としたうえで、「今回の写真展は一定の政治性を持つが、写真文化の向上という目的と併存しており、テーマは隠さずに伝えておれば、ニコンは使用契約を解除できないと判断。写真展のテーマは予定通り写真展を開く準備を進めるとしている。決定を受けてニコン広報課は朝日新聞の取材に「26日までに異議が認められなければ、会場を提供する」としたうえで、写真展の開催についても抗議の電話やメールがあったのは事実であり、内容や件数については係争中のため応募条件の書き込みについては控える」と述べた。

（高野遼）

## 写真家「表現の自由配慮した決定」

「表現の自由に配慮した妥当な決定。ぜひ写真展を開かせてほしい」。会見した安世鴻さんはそう訴えた。

安さんの作品は、異国の地で苦悩の表情を浮かべる元従軍慰安婦の女性たちの姿をとらえたもの。「ハルモニ（おばあさん）たちの問題ではなく、私たち、人々に、日本を愛するすべての人に知ってほしい」と語った。

会見では、フリーの報道写真家らでつくる日本ビジュアル・ジャーナリスト協会の会員も立ち会った。中告発した米映画「ザ・コーヴ」の国内上映に抗議、中止に追い込んだ森住卓さん（61）は「ニコンサロンで写真展を開くことは、多くの写真家にとって名誉なことだった。ニコン側は具体的な抗議の内容を明らかにしていないが、複数の人々がネット上でへの書き込みや抗議活動をしたとみられる。

10年、和歌山県太地町のイルカ漁告発した米映画「ザ・コーヴ」の国内上映に抗議、中止に追い込んだグループの一つ。代表の男性（62）は「ニコン本社に電話をかけ、団体名と名前を明示して、「売国的な展示で国益に反する」などと伝えた。男性は「この写真展が開かれるなら、私たちの会としてなんらかの意思表示をしたい」と話した。

（黄潤、西本秀）

## 使用拒否認めぬ司法判断相次ぐ

会場の使用は、憲法が保障する「表現の自由」や「集会の自由」とも密接にかかわる。会場の使用をめぐるトラブルでは、使用を拒んだ側の主張を認めない司法判断が相次いでいる。

最近では、日本教職員組合（日教組）の使用を拒否したプリンスホテルに対し、東京地裁が2007年、使用させるよう命じる仮処分決定を出したケースがある。でも、東京都に取り消された問題で、東京地裁が07年、使用を認める決定を出した。いずれのケースもその後損害賠償を求める訴訟になり、使用を拒否した側に賠償命令が出ている。安易な使用拒否を許せば、民主主義の存立基盤を揺るがしかねないという認識が判断の背景にあるとみられる。

（青池学）

る。翌08年には東京高裁が同決定を支持。混乱が予想されるというホテル側の主張に対し、高裁は「警察と十分打ち合わせて混乱を防止できる」と指摘した。また、在日本朝鮮人総連合会（朝鮮総連）が東京・日比谷公園の音楽堂の使用許可を

写真展用の作品を手に会見する安世鴻さん＝22日午後、東京・霞が関、葛谷晋吾撮影

東京地裁の仮処分決定について報じる朝日新聞
（2012年6月23日付朝刊）

# ニコン 元慰安婦写真展中止問題

## 抗議に企業 過剰反応

### 東京地裁が開催命じる

東京・新宿で開催される予定だった元従軍慰安婦の写真展を、会場運営元のニコンが突然中止した問題。写真家側が開催を求めた仮処分申請に対し、東京地裁は22日、ニコンに開催するよう命じた。中止の背景には、開催に反対するネットへの書き込みや抗議電話があった。抗議されれば、即中止。危険な空気が漂う。　(出田阿生)

写真展を企画していたのは、韓国人写真家の安世鴻さん(四二)＝名古屋市在住。二〇一一年から五年間、中国各地で暮らす朝鮮半島出身の元従軍慰安婦の女性十二人を撮影し、ニコンが優秀な写真家を選んで展示会場を無償提供する「ニコンサロン」に応募した。

「慰安婦」として日本軍に中国に連れて行かれ、戦後に取り残されたハルモニ(おばあさん)の苦しみ、悲しみを伝えたかった」と安さん。深いしわが刻まれた女性たちの表情や、煮炊きや睡眠の日常光景を撮影した。

今年一月、ニコンの選考委員会で作品が認められ、今月二十六日から七月九日まで、新宿ニコンサロンでの開催が決まっていた。ところが、先月二十二日、ニコンは安さんに突然の通告。中止したので条件遵反」と安さんに責任転嫁。その一方で「開催反対の抗議活動が予想され、警備費用の決定に従う」という。さらに会見で「写真文化を大切にするとうたうニコンが、別の人にとっては『歴史の歪曲』になる」と考えるような写真を、攻撃して上映中止に追い込むなど、圧力の手法が巧妙化している。それより問題なのは、企業がリスクに過敏になっていること。そのことで、表現の自由が大きなダメージを受けている」

ニコンは「抗議はあったが、中止とは無関係」としている(広報担当)。

裁判の場に使おうとしているのは「諸般の事情を総合的に判断したため」と通告の三日前には、写真展の開催予定記事が掲載されていた。すると、ネット上で「歴史のねつ造に加担する売国行為」などの投稿が相次いだ。ニコンにも抗議電話が多数寄せられた。

「大規模な抗議活動は予想されず、警察と連携しての対応も可能」。ニコンは異議を申し立てたが、裁判所の決定は「政治活動の場に利用しているとはいえない」

「写真家らに謝るべきだ」

安さんは決定後の記者会見で「写真文化を大切にするとうたうニコンが、平和を象徴する写真も、別の人にとっては『歴史の歪曲』になる」などを理由に、コンの写真展への対応は、過剰なまでの危機管理意識が働いている」と指摘する。

「弱い立場の映画館を攻撃して上映中止に追い込むなど、圧力の手法が巧妙化している。それより問題なのは、企業がリスクに過敏になっていること。そのことで、表現の自由が大きなダメージを受けている」

### 圧力も巧妙化 表現の自由にダメージ

鑑賞者の目に入ったとき、政治的意識が働いている」と指摘する。

映画監督の森達也さんは「こうした先例に比べても、今回のニコンの写真展への対応は、過剰なまでの危機管理意識が働いている」と指摘する。

「ザ・コーヴ」(〇九年初公開)や、靖国神社を取り上げた映画「靖国 YASUKUNI」(〇八年公開)も、映画館などへの抗議活動によって、一時上映中止に追い込まれた。

よる会場提供の撤回というケースでは、プリンスホテルが〇八年、「右翼団体の抗議活動」などを理由に日本教職員組合(日教組)の集会使用を拒んだ例がある。また、捕鯨反対の映画

パンフレットを掲げ、記者会見する韓国人写真家の安世鴻さん(左)＝22日、東京・霞が関の司法記者クラブで

安世鴻氏の慰安婦写真展中止事件について報じる東京新聞
(2012年6月23日付朝刊)

안세홍 작가의 위안부 사진전 취소 사태를 보도하는 도쿄신문
(2012년 6월 23일 자 조간)

Chapter 3　29

# Chapter 4

## 厳重"すぎる"警備体制
## 지나치게 삼엄한 경비체제

2012年6月26日、予定通り写真展は開催された。しかし会場は警備員だらけの異様な雰囲気に包まれた。現場指揮をとるのはニコンの代理人を務める弁護士たちだった。

2012년 6월 26일, 예정대로 사진전은 시작되었다. 그러나 전시장은 많은 경비원이 배치된 이상한 분위기에 휩싸였다. 현장에서는 니콘 대리인을 맡은 변호사들이 진두 지휘하고 있었다.

### 厳重"すぎる"警備体制の理由

東京地裁の仮処分への異議申し立ても、東京高等裁判所への抗告も主張が認められず、渋々写真展の開催に応じたニコン。韓国人写真家、安世鴻さんの写真展は初日から異様な雰囲気に包まれた。前代未聞の厳重"すぎる"警備体制だったのだ。

「安氏に対する不測の事態に備える」ことを名目に、ニコンは警備員9名、従業員3名、代理人弁護士2名の計14名を配置(2日目は従業員を5名体制にした)。来場者に金属探知機を使用して荷物チェックを行った。5月28日以降は空港によくあるゲート式の金属探知機も使用した。

開催初日、2日目には、会場の新宿エルタワーの前で、いわゆる「ネット右翼」の「在日特権を許さない市民の会(以下、在特会)」や「主権回復を目指す会」などが街宣活動を行った。

また会場内でも上記団体の関係者が会場で安さんに罵詈雑言を投げかけたり、会場から退出させられたりする一幕もあった。彼らと来場者との間で、一時騒然となる場面もあったには

### 지나치게 삼엄한 경비체제의 이유

니콘은 도쿄지법의 가처분결정에 대한 이의신청도 도쿄고등법원에 대한 항고도 받아들여지지 않자 마지못해 사진전 개최를 허락했다. 사진전은 첫날부터 이상한 분위기에 휩싸였다. 전대미문의 지나치게 삼엄한 경비체제를 갖춘 채로.

"안세홍 작가에 대한 예측불허한 사태에 대비한다"는 명목으로 니콘은 경비원 9명, 종업원 3명, 대리인 변호사 2명 등 총 14명을 배치하였다. 이튿날부터는 종업원을 5명으로 늘렸다. 5월 28일 이후에는 공항에나 있을 법한 게이트식 금속탐지기까지 도입하였다.

첫날과 둘째 날에는 전시장이 위치한 신주쿠 엘타워 빌딩 앞에서 흔히 "넷 우익"이라 불리는 "재일특권을 용납하지 않는 시민회(이하, 재특회)"나 "주권회복을 위한 모임"이 항의활동을 펼쳤다.

또한, 전시장 내에서도 그들이 안세홍 작가에게 폭언을 퍼부어 퇴출당하는 일도 있었으며, 그들과 관람객들 사이에서 말썽이 빚어지기

新宿ニコンサロンが入居する新宿エルタワー前で演説する「在日特権を許さない市民の会」代表の桜井誠氏(右)。その様子は若い女性がインターネットで生中継していた＝2012年6月26日(撮影：新藤健一)

신주쿠 니콘살롱 이 있는 신주쿠 엘타워 앞에서 연설하는 "재일특권을 용납하지 않는 시민회" 대표, 사쿠라이 마코토 (오른쪽). 그 상황은 젊은 여성이 인터넷 중계했다. 2012년 6월 26일(촬영: 신도 켄이치)

「在日特権を許さない市民の会」と「主権回復を目指す会」が共同で街宣活動。手前で演説するのは、「主権回復を目指す会」の会員＝2012年6月26日(撮影：新藤健一)

"재일특권을 용납하지 않는 시민회"와 "주권회복을 위한 모임"이 공동으로 항의 활동. 앞에서 연설하는 "주권회복을 위한 모임"의 회원. 2012년 6월 26일(촬영: 신도 켄이치)

Chapter 4

あった。

しかし警備には多数の警察官も投入され、暴力沙汰もなければ、人命に関わるような事態は予想されなかった。というのも、そもそも安田浩一氏の『ネットと愛国』(講談社) でご存知の方も多いと思うが、抗議行動の予想された「ネット右翼」と呼ばれる人々は、"本物"の右翼とは違い、聞くにたえない差別的な発言をがなりたてることこそあれ、暴力に訴えることは多くはないのだ。

連日会場に足を運んだ私の率直な感覚では、開催期間を通じて心配するほど大きなもめごとはなかった。累計7900名も訪れた話題の展示にしては、平穏無事だったと思う。たかだか50名ほどで満員になる会場に、ニコンが10名を超える人員で警備にあたるのが、どうも納得いかなかった。

私は、この警備の真意は、別のところにあったと思っている。それは、ニコン側が東京高裁に7月2日に提出した「保全抗告申立書」からうかがうことができる。

そこでニコンは具体的な警備体制や、会場内で起きた出来事を書きながら、これだけの警備をしながらも「混乱を防ぐことができなかった」と繰り返している。

いわゆる「ネット右翼」の抗議活動についてならばまだわかる。だが、安さんの身の安全を守るための警備であるはずなのに、彼の知人が金属探知機によるチェックを拒んだことを、ことさら問題視したりしている。

つまり、針小棒大に写真展会場に「不測の事態が起きていること」をアピールしている。より도 했다.

그러나 공권력 투입이나 폭력사태와 같은 인명피해가 발생할 사태는 애당초부터 예상되어 있지 않았다. 그것은 야스다 코이치 씨가 쓴 "인터넷과 애국"(코단샤 펴냄)을 통해서 알려진 바와 같이, "넷 우익"이라 불리는 이들은 "참된" 우익들과는 달리 차마 입에 담지도 못할 차별적인 발언을 일삼기는 해도 폭력에 호소하는 일은 드물기 때문이다.

연일 전시장을 찾았던 내가 보는 한, 우려했던 큰 말썽은 없었다. 7900명이 찾아올 만큼 화제를 불러모은 전시회치고는 평온했다고 할 수 있다. 50명이 들어가면 꽉 찰 정도의 전시장인데도, 니콘이 10명 이상의 인원을 동원해 경비를 서게 한데 대해 언뜻 이해가 가지 않았다.

이 삼엄한 경비의 진의는 따로 있다고 본다. 그것은 니콘 측이 7월 2일 도쿄고등법원에 제출한 보전항고 신청서를 통해 드러다 볼 수 있다.

서면에서 니콘 측은 구체적인 경비체제나 전시장 내에서 벌어졌던 일을 서술하면서 그만큼 경비를 해도 "혼란을 막을 수 없었다"고 거듭 주장하였다.

이른바 "넷 우익"의 항의 활동에 대항하는 조치라면 이해할 수 있는데, 안세홍 작가의 신변을 지키기 위한 경비인데도 찾아온 그의 친구가 금속탐지기 검사를 거부한 것을 특별히 문제시한다.

다시 말하자면, 전시장에서 "예측불허한 사태가 벌어지고 있다"고 침소봉대하게 주장한 것이다. 더 직접적으로 말하자면, 사진전을 중지시킬 구실을 찾으려 했던 것 같다.

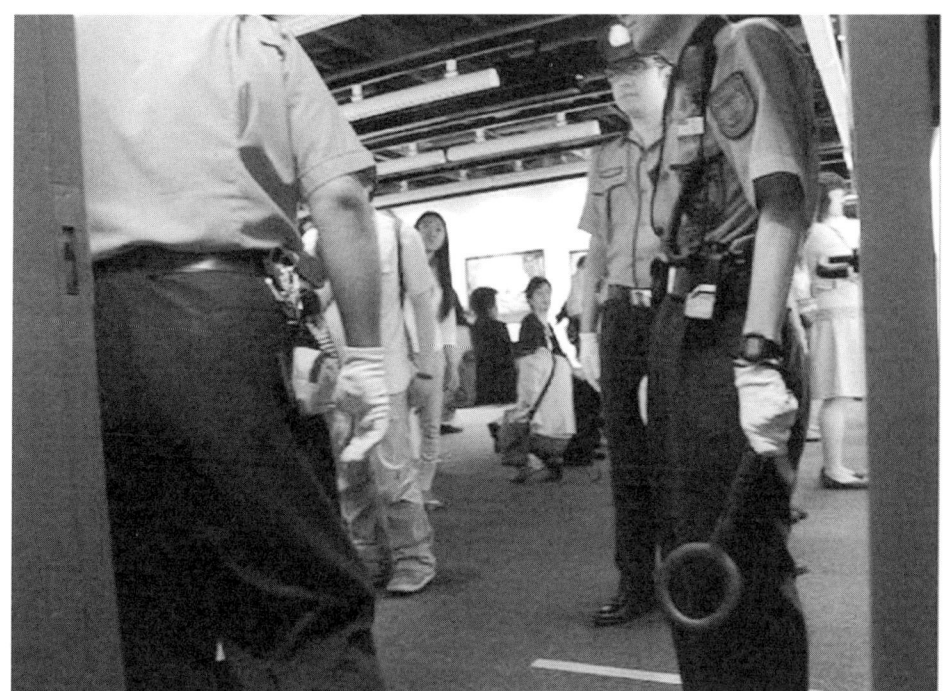

写真展の入口で、金属探知機を使った荷物チェックが行われた＝2012年6月26日（撮影：新藤健一）

전시장 입구에서 금속탐지기를 이용한 짐검사가 실시됐다. 2012년 6월 26일(촬영: 신도 켄이치)

直截的に言えば、写真展を中止する口実を探そうとしているのだ。

　だから目につくのはおかしなことばかりだった。

　たとえば、ニコンは写真展開催の前日25日に、代理人弁護士を通じて、安さんに対して「会場にメディア関係者を入れてほしくない。安さんには取材を受けてほしくない。安さんにはできるだけ会場にいてほしくない」などと要請。会場入口には、「ニコンサロン会場内での撮影はご遠慮ください」という掲示を出し、実際、撮影は人物を写さないことを条件に安さんにしか認められなかった。また安さんの言動は常に監視カメラと録音機によって、記録されていた。会場の外でもだ。

그런 만큼 이상한 일만 계속 눈에 띄었다.

예컨대, 니콘 측은 사진전 전날인 25일에 대리인 변호사를 통해서 "전시장에는 기자를 들여 보내지 마라, 안세홍 작가는 취재를 받지 마라, 가급적이면 전시장에 머무르지 마라"라는 요청을 해왔다. 입구에는 "촬영을 삼가십시오"라고 게시를 하였고, 실제로 촬영은 안세홍 작가에 한해서만 허용되었다. 그것도 인물 촬영은 하지 않는다는 조건부로. 또한, 그의 언행은 전시장 안팎을 막론하고 항시적으로 감시카메라와 녹음기로 기록되었다.

이러한 니콘 측의 태도는 관람객들에게도 큰 이질감과 불쾌감을 주었다. 작은 규모의 사진전인데도 입장시에 금속탐지기로 검사를 받고 가

Chapter 4　33

こうしたニコンの警備体制は来場者にも大きな違和感と不快感を与えた。ささやかな規模の写真展にもかかわらず、入場する際は必ず警備員による金属探知機のチェックを受け、カバンの中身まで見せなければならない。そのうえ会場内も様々な規制があり、常時ニコン側に監視されていた。

ここで来場者Aさんの体験を紹介しよう。生々しいメモを残している。Aさんは26日の午後2時に、初めて会場を訪れた。そのときのことだ（以下、原文ママ）。

観覧中、男（ニコンの従業員——筆者注）が会場奥に立ってカメラを持っていたので、「観客には撮影禁止と言いながら、あなたは何の権利で写真を撮っているんですか」と聞きました。鑑賞している自分の姿が撮れていたら嫌だなと思い、しつこく聞いたら、彼は素直に自分で撮った映像を見せてくれました。動画のファイルは2つでエルタワー28階からの景色と午前中の騒ぎが撮れていました。

安さんが会場に戻り、受付で預けていた花束を探してもらい、彼に渡しました。彼は「お好きな作品の前に置いてくださって結構です」と言ってくれました。その会話を聞いていたニコンの弁護士2名が「置けません、だめです」と。理由を聞いたら、「本来置いてはいけないという規定がある」とのことでした。

そこで抗議しましたら、ニコン側の加藤弁護士と安さんの代理人、李弁護士が「ここで騒ぐと展示が中断されることもあるので、ここまでにしてください」などとわたしを説得していました。

방을 열어줘야 했다. 전시장 내에서도 각가지 규제가 있어 그들의 감시를 계속 받아야만 했다.

여기서 26일 오후 2시경에 전시장을 찾은 관람객 A씨의 증언을 살펴보도록 하자.

관람 도중, 남자 (필자 주: 니콘 측 종업원) 가 전시장 구석에 서서 카메라를 들고 서 있는데, 가서 "관람객에게는 사진을 못 찍게 하면서 당신을 무슨 권리가 있어서 사진을 찍느냐"고 따졌다. 내 모습이 찍히는 게 싫어서 캐묻자 순순히 찍은 동영상을 보여 줬다. 파일은 2개가 있었는데 하나는 28층 창문에서 바깥을 찍은 것, 또 하나는 오전에 있었던 말썽을 찍은 것이었다.

안세홍 작가가 전시장으로 들어오자 접수대에 맡겨놓았던 꽃다발을 그에게 건네주었다. 그는 "좋아하는 작품 앞에 갖다 바쳐 달라"고 했는데, 그 이야기를 엿들은 니콘 측 변호사 2명이 "안 된다"고 말했다. 이유를 묻자 "그러면 안된다는 규정이 있다"고 대답하였다.

그래서 항의를 했더니 니콘 측의 카토 변호사와 안세홍 작가 대리인인 이 변호사가 "큰소리를 치면 사진전이 중지될 수도 있으니 그만해 달라"며 나를 설득하였다.

니콘 측 변호사에 "전시장에 꽃다발을 갖다 바치면 안된다고 규정된 문서를 보여 달라"고 버텼고, "이번 판결에 그런 규제가 있는지 보여 달라"고 요구하였지만, 결국 "지금 그 문서는 없다"고만 대답하였다.

A씨는 전시 마지막 날인 7월 9일에 전시장

ニコン側は貼り紙を掲示し、写真展会場内での写真やビデオの撮影を禁止した＝2012年6月27日
（撮影：新藤健一）

니콘 측은 전시장에서 포스터를 붙이는 일이나 사진, 비디오촬영을 금지시켰다. 2012년 6월 27일
（촬영: 신도 켄이치）

写真展の展示作業。撮影禁止の看板も用意されていた＝2012年6月25日（撮影：新藤健一）

사진전 준비작업. 촬영금지 간판도 마련되어 있었다. 2012년 6월 25일（촬영: 신도 켄이치）

　しばらくしてニコンの弁護士たちに「会場に花束を置けないという規定を文章で見せてください」と粘りました。さらに、「今回の判決にもそのような規制が記載されているのか、見せてください」と要求しました。結局「文章ではいま持っていません」と言っていました。

　Aさんは展示最終日の7月9日に写真展を再訪した。初日から状況に変化があったかどうか、確かめたかったという。そして、ふと会場の天井

을 다시 찾았다. 첫날과 상황에 변화가 있었는지 확인하기 위함이었다. 언뜻 전시장 천장에 눈을 돌렸더니 복수의 감시카메라가 설치되어 있음을 발견하였다. "구형모델의 흰색 카메라 한 대, 새까만 소형카메라 다섯 대"가 천장 어두운 구석에 설치되어 있었다고 한다.

　A씨는 불쾌감을 느껴, 다음날에 니콘 측 홍보 담장자에게 전화로 걸어 따져 물었다. 그러자 담당자B는 "이번 전시에는 제반 사정이 있어 만일의 사태에 대비해 설치하였다", "전시장에서

安世鴻氏の写真展会場の天井アングルに設置されていた監視カメラ(円内)=2012年7月9日(撮影:新藤健一)

천장에 설치된 감시카메라(동그라미)=2012년 7월 9일(촬영: 신도 켄이치)

安世鴻氏の写真展会場内に設置されていた監視カメラ。白のパナソニック製は、ビル会社備えつけのカメラ(右上)。下段の2枚はマジックミラー型の監視装置=2012年7月9日(撮影:新藤健一)

전시장에 설치된 감시카메라. 원래 빌딩관리회사가 설치한 흰색 파나소닉 카메라(위)와 새로 설치된 매직미러형 검정색 감시장치(아래). 2012년 7월 9일(촬영: 신도 켄이치)

を見ると、複数の監視カメラが設置されていることに気づいた。「古いタイプの白いカメラが1ヵ所、真っ黒で小型のカメラが5ヵ所ほど」天井の暗くて見えにくい場所に設置されていたという。

Aさんは不快感を抱き、翌日、株式会社ニコンの広報担当者に電話で確かめた。すると、担当者Bは「今回の展示は諸事情がありまして、万が一のために設置したと思います」と答える。「会場で騒ぎがある場合の記録用」だという。

さらに事実関係を質(ただ)すと、担当者は「今回、カメラの設置を確認しました。案内もせず、ご

말썽이 빚어질 경우에 기록하기 위한 것"이라 대답하였다고 한다.

거듭 사실관계를 캐묻자, 담당자는 "카메라가 설치되었음을 확인했다, 알려 드리지 못해 폐를 끼친 데 대해 사과한다"면서 이 사진전에 맞춰 감시카메라를 설치하였음을 인정했다. 내가 확인한 것만으로도 천장에는 카메라 다섯 대가 설치되어 있었다.

이 건에 대해 주식회사 니콘 홍보 IR부 모리구치 타쿠야 매니저는 내 취재에 대해 "방범카메라는 원래 있었다. 사과를 드렸는데 그것은

迷惑をおかけしたこと申し訳ございません」とこの写真展のために監視カメラを設置していたことを認めた。私が確認したところでも、安さんの会場の天井には5台の監視カメラが設置されていた。

このことについて株式会社ニコン広報・IR部の森口拓也マネージャーは、後日、私の取材に「防犯カメラはもともとあった。謝罪する形になったが、担当者の勘違いでした」と答え、さらに「他の黒いのは警備会社が以前から入れていたセンサーでした」と再訂正を申し出た。

### 人権感覚が疑われる企業弁護士

どう考えても常識を逸脱した対応をニコン側は一貫して続けていた。このニコン側の警備体制を取り仕切っていたのが、ニコンの代理人弁護士たちだ。ニコンの代理人弁護士は3名。中島経営法律事務所の代表中島茂氏、パートナー（共同経営者）の早川明伸氏と、アソシエイト（事務所に雇用される弁護士）の加藤惇氏だ。

そのうち、早川氏と加藤氏が現場で指揮をとっていた。彼らは「ニコンの要請を守らないと裁判所の仮処分にも影響する」と安さん側に主張したり、さらには「裁判所が展示風景を含め会場で写真を撮らないよう指示した」「安さんの身の安全を守るため、警察の指示もあって警備する」などと根も葉もない当局の話を持ち出したりして、日本の制度をよく知らない安さんらを誑かしていた。

人権を守る弁護士としての品位はどこにあるのか。雇い主であるニコンの指示なのだろうか。

仮処分の答弁書でニコン側は安さんの写真착오에 의한 것이었다" "검정색 카메라는 경비회사가 이전 에 설치한 센서"라며 정정을 요구하였다.

### 인권에 대한 감각이 의심되는 기업 변호사

니콘 측은 아무리 생각해도 상식을 일탈한 대처를 시종일관 계속하였다. 이 경비체제를 관리감독했던 것이 니콘 측 대리인 변호사인 나카지마 경영법률사무소의 대표 나카지마 시게루 씨, 공동경영자 하야카와 아키노부 씨, 그리고 어소시에이트 카토 마코토 씨였다.

현장 지휘를 했던 하야카와, 카토 두 변호사는 "니콘의 요청을 지키지 않으면 법원 가처분 집행에 영향을 미친다", "법원이 전시장에서의 촬영을 금하도록 지시하였다", "안세홍 작가의 신변안전을 위해 경찰의 지시로 경비한다"는 등, 전혀 근거가 없는 이야기를 꺼내면서 일본 사정에 어두운 안세홍 작가에 대해 속임수를 썼다.

그들은 인권을 지키는 변호사가 지녀야 할 품위를 지니고 있는 것일까? 고용주인 니콘의 지시에 순순히 따라서 움직인 것일까?

가처분 답변서를 통해 니콘 측은 안세홍 작가의 사진전 개최는 "니콘의 브랜드 가치를 훼손"시킨다고 주장하였는데, 그것을 훼손시킨 것은 오히려 인권에 대한 감각이 있는지 의심되는 변호사 측이 아닐까?

이 변호사들에 대해 취재를 하는 과정에서 하야카와 씨가 2009년 3월에 일본변호사연합회 "제2도쿄변호사회"로부터 징계 3개월의 처분을 받았음이 밝혀졌다. 기관지 "자유와 정의" (2009년 6월호)에 의하면, A사의 내부신고자 제도의 외부신고를 담당했을 당시, 그는 비

写真展の準備中、安世鴻氏らの動きを監視する早川明伸弁護士(左)＝2012年6月25日(撮影：新藤健一)

준비작업중에 안세홍 작가의 움직임을 감시하는 하나카와 아키노부 변호사 (왼쪽). 2012년 6월 25일(촬영: 신도 켄이치)

展は「『ニコンブランド』価値の毀損」になると主張したが、ニコンのブランド価値を損なっているのは、むしろ人権感覚が疑われる弁護士ではないか。

　この弁護士たちについて調べていく過程で、早川氏が、2009年3月に所属する日本弁護士連合会(日弁連)「第二東京弁護士会」から3ヵ月の懲戒処分を受けていたことがわかった。日弁連の機関誌「自由と正義」(2009年6月号)によると、A社の内部通報者制度の外部通報窓口を担当していた際に、早川氏は秘密保持義務を違反し、通報者の実名をA社側に伝えたのだという。このA社というのは、当時の報道によると、トヨタ自動車グループの販売会社だった。

밀유지의무에 어긋나 신고자 이름을 A 사측에 누설하였는데, 이 A사란 보도에 의하면 토요타 자동차 계열의 판매회사였다는 것이다.

## 寄稿 ② 기고문

# 慰安婦問題──河野談話とマイク・ホンダと安世鴻(アンセホン)
## 위안부 문제──고노 담화, 마이크 혼다, 그리고 안세홍.

**溝上 明**(みぞかみ あきら) 미조카미 아키라
(主権回復を目指す会支持者)
(주권회복을 위한 모임 지지자)

過激な言動ばかりが注目されがちな、いわゆる「ネット右翼」だが、その抗議行動の真意はいったいどこにあるのか。代表的な団体のひとつ「主権回復を目指す会」支持者の溝上明氏が問題意識を明かす。

과격한 언행만이 주목받기 일쑤인 소위 "넷 우익"인데, 그들 항의행동의 진의는 무엇인가? 대표적 단체의 하나인 "주권회복을 위한 모임"의 미조카미 씨는 그가 가지고 있는 문제의식에 대해 말한다.

## ■河野談話が転換点

いわゆる「従軍慰安婦問題」についての争点は、日本軍による「慰安婦の強制連行」があったか、なかったかの1点のみである。この問題の当初から「強制連行」がなかったことが周知されていたならば、人類最古の職業と呼ばれる売春婦の話に過ぎなかったわけで、成熟した大人が暗黙の了解として済ませる話だった。

慰安婦を戦争責任の問題とし、それを人権問題にまで発展させてしまった原因は、1993年8月に宮沢内閣のもとで発表された河野談話(慰安婦関係調査結果発表に関する河野内閣官房長官談話)にある。「(慰安婦の)募集、移送、管理等も、甘言、強圧による等、総じて本人たちの意思に反して行われた」との記述を残したことで、史実とは全く異なる慰安婦問題が肥大化していった。

当時の日本政府は、次々に名乗り出る「朝鮮人の・老いた女性の・(自称)元売春婦」たちへの対応にかなり困ったのではないか。」の中の3つの修飾語は、人権問題に発展しかねない表現だ。差別されたり、蔑まされたり、忌避されたりする言葉だった。

それゆえ、日本の政治家や官僚は、彼女らに対して、まるで腫れものに触るかのような対応に迫られた。彼女らの「自分の意志に反して売春を強制・強要された」との証言に対し、日本の役人たちが証言の中の矛盾を追及しようものなら、彼女らは「哀号(アイゴー)!」と大声で泣き叫ぶ。その瞬間、役人たちとして

## ■전환점이 되었던 고노 담화

이른바 종군위안부 문제를 둘러싼 쟁점은 일본군에 의한 "위안부의 강제연행" 유무 단 한 가지이다. 초기에서 "강제연행"이 없었음이 주지되었더라면 위안부 문제는 인류 최고(最古)의 직업이라 불리는 매춘부 이야기로 끝났을 것이고 성숙한 이들 간에서 암묵리의 양해로 끝낼 수 있었을 것이다. 그러나 위안부를 전쟁책임문제로 만들어 그것을 인권문제로까지 비화시킨 원인은 1993년 8월에 미야자와 내각이 발표한 고노 담화 (위안부관계조사결과 발표에 관한 고노 관방장관의 담화)에 있다. 고노 담화에서 "모집, 이송, 관리 등도 감언, 강압에 의하는 등, 대체로 본인들의 의사에 반하여 이루어졌다"고 기술함으로써 그 후 역사적 사실과 전혀 다른 위안부 문제가 비대해져 갔다.

그 당시를 돌이켜보면 일본정부는 속속히 나서는 "옛 매춘부를 자칭하는 늙은 조선인여성"들에 대한 대응에 애를 먹었던 게 아니었을까 싶다. "조선인", "늙었다", "매춘부". 이 세 가지 수식어는 일본사회에서는 인권문제로 번질 여지가 있는 표현이었다. 차별받거나 멸시당하거나 기피를 당하는 경우에 쓰이는 말이다.

고로 일본 정치인이나 관료들은 조심스럽게 대응할 수밖에 없었다. 그들의 "자신의 의사에 어긋나 매춘을 강제, 강요받았다"는 증언에 대해 일본 관료가 증언 속의 모순을 찾아내고 물으려 하기라도 하면 "아이고!" 하며 큰 소리로 울며 외친다. 그 순간,

東京・新宿ニコンサロンの慰安婦写真展会場で安世鴻氏と会った溝上明氏(右)＝2012年7月6日(撮影：新藤健一)

도쿄 신주쿠 니콘살롱 위안부 사진전에서 안세홍씨를 만난 미노카미 아키라씨. 2012년 7월 6일 (촬영: 신도 켄이치)

は真実を探る行為を断念せざるを得なかった。

　今なお慰安婦の嘘を暴こうとすると、慰安婦を擁護する側から「セカンドレイプだ！」という激しい糾弾によって阻まれる。

　そして最終的に、当時の韓国大統領・金泳三が日本政府に対して「当問題について日本に物質的な補償は求めない方針」と言明したことを受け、日本政府は、自ら泥を被ることによって、彼女らの人権が擁護されると同時に事態が収拾されるのであればと考え、決着をつけた。それが「総じて本人たちの意思に反して」との文言を盛り込んだ河野談話だったのである。

## 慰安婦問題はプロパガンダ

　しかしながら、慰安婦問題の周辺に漂うフェミニズムの空気が、慰安婦問題を日韓だけの問題にとどめず、その後、国連人権委員会や2007年のアメリカ下院での「慰安婦に対して日本政府の謝罪を求め

관료로서 당연히 해야 할 진실을 찾는 행위를 단념할 수밖에 없었다. 거짓을 밝히려 한다면, 위안부를 옹호하는 이들이 "이중 성폭력"이라며 강력한 규탄을 받는다.

　최종적으로 당시 한국의 대통령이었던 김영삼이 일본정부에 대해 "이 문제에 관해 일본에 물질적인 보상을 하지 않을 방침"이라 표명함에 따라 일본정부는 자기 나라가 스스로 나서서 누명을 뒤집어씀으로써 그들의 인권이 지켜짐과 동시에 사태가 수습될 것이라 믿어 결단을 내렸다. 그것이 바로 "대체로 본인들의 의사에 반하여"라는 문구를 집어놓은 고노 담화를 낳은 것이다.

## 위안부 문제는 선전활동

　그렇지만 위안부 문제 주변에 모여든 페미니즘 세력들이 위안부 문제를 일한간의 문제로 머무르게 하지 않았다. 유엔 인권위원회나 2007년에 미국 하원에서 통과된 "위안부에 대한 일본정보의 사죄를

る」121号決議へと飛び火させてしまうことになる。皮肉なことに、日本が自ら泥を被ったはずの河野談話が「強制連行」の裏付けとして引き合いに出されることになった。いわば、日本側の配慮が仇となった形だ。

　2011年暮れから、慰安婦問題がさらなる展開をみせている。12月、元慰安婦らを支援している「韓国挺身隊問題対策協議会」は、韓国ソウルにある在韓日本大使館の前に、歴史を忘れないためとして元慰安婦の象徴である「少女像」を設置した。

　その1年前の2010年10月には、米国ニュージャージー州のパリセイズパークというニューヨークから車で30分の小さな市（人口1万7000人、52％が韓国系住民）の公共図書館の敷地内に慰安婦記念碑が建てられ、碑のプレートには「日本帝国政府の軍によって拉致された20万人以上の女性と少女」との文が刻まれている。在米の韓国系団体によると、同様の慰安婦碑を米国内にさらに20以上建立する計画という。

　実際に現地パリセイズパーク市を訪ねた山谷えり子参院議員が、2012年3月の国会における野田佳彦首相に対する質疑の中で「韓国側のプロパガンダの影響で、在米の日本人子弟が『下劣な先祖を持つ子孫』『レイプ魔の子孫』などと言われ、不当なイジメに遭いつつある」と述べ、「慰安婦碑には、日本帝国政府の軍によって拉致された20万人以上の女性と少女、軍によって拉致されたと書いてあるが、これは事実か」と質問したところ、野田首相は「数値や経緯を含め根拠がないのではないか」と不快感を顕にして答えている。

　韓国や北朝鮮、そして中国のプロパガンダによる慰安婦の話は、日本人という民族があたかも生まれながらにして強姦の遺伝子を引き継ぐ劣等民族かのようなイメージを世界中に印象づけようとしているかのようである。

　つまり、こうした慰安婦のプロパガンダは、70年前の戦争とは関係ない、今を生きる日本人一人ひとりに対する重大な人権侵害なのだ。

### 慰安婦碑は「罪の相殺」が狙い？

　さらに特筆すべきは、この慰安婦碑の文中に要求する」121호 결의로 번지게 만든 것이다. 아이러니컬하게도 일본정부가 스스로 누명을 뒤집어 쓰기 위한 고노 담화가 "강제연행"의 뒷받침이 되어 버린 것이다. 다시 말하자면 일본측의 배려가 도리어 화가 되고 말았다.

　2011년 말부터 위안부 문제가 한층 더 심화되어 다른 양상을 보이기 시작했다. 2011년12월에 옛 위안부들을 지원하고 있는 "한국정신대 대책 협의회"는 서울에 있는 재한 일본대사관 앞에 역사를 잊지 않기 위해서라면서 옛 위안부의 상징인 "소녀상"을 건립한 것이다.

　2010년 10월에는 뉴욕에서 차로 30분 거리에 있는 작은 도시, 펠리세이즈팍 (인구1만7000명, 52%가 한인)의 공공도서관에 위안부 기념비가 건립되었는데, 그 현판에는 "일본제국정부군에 의해 납치된 20만명을 넘는 여성과 소녀"라 새겨져 있다. 미국의 한국계 단체에 의하면, 이와 같은 위안부 기념비를 미국 국내 20여 군데에 건립할 계획이라고 한다.

　실제로 현지를 방문한 야마타니 참의원 의원은 올해3월에 국회에서 노다 총리에 대한 질문에서 "한국 측 선전활동의 영향으로 미국에 사는 일본인 자제들이 '열등한 조상을 가진 자손', '강간마의 자손' 이라는 말을 들으며 부당한 이지메를 당하는 사례가 늘고 있다"면서 "위안부 기념비에는 '일본제국정부군에 의해 납치된 20만명 이상에 달하는 여성과 소녀'라 새겨져 있는데 이는 사실이냐"고 질문했다. 노다 총리는 "수치나 경위를 포함해 근거가 없는 게 아닌가" 하며 노골적으로 불쾌감을 나타내면서 대답했다. 한국이나 북조선, 그리고 중국의 선전활동으로 날조된 위안부 이야기는 일본인이 마치 강간의 유전자를 타고났고 그것을 이어받은 열등민족과 같은 이미지를 전세계에 퍼뜨리기 위한 것이 아닌가.

　즉, 이러한 위안부와 관련된 선전은 70년전의 전쟁과 상관이 없는 현재를 사는 일본인 개개인에게 중대한 인권침해를 야기하고 있다.

### ▍위안부 기념비 건립의 목적은 "죄의 상쇄"?

　여기서 특필해야 할 것은 이 위안부 기념비 현판에 "Abducted(납치된)"이란 단어가 쓰이고 있는 점이다. 강제연행을 표현하는 영어는 여러 가지

「Abducted（拉致された）」という単語が使われていること。強制連行を表現する英単語は他にもあるが、なぜこの単語を使用したのかと疑問に思う。

　北朝鮮による拉致問題（政府認定の被害者17名と特定失踪者470名）も従来から英語で「Abduction Issue」と呼んでおり、この問題では日本人が拉致の被害者で加害者は北朝鮮となっている。そこで慰安婦問題で、故意に「Abducted」という単語を用いれば、今度は日本人を拉致の加害者に、朝鮮人を被害者に仕立てることができる。

　つまり、70年近くも昔の慰安婦問題を持ち出し、現在も未解決の拉致問題との「罪の相殺」を行おうとしているのではないか。

　2012年6月、安世鴻氏の中国に残された慰安婦写真展が新宿ニコンサロンで開かれたが、私は安世鴻氏に直接、話を聞く機会を得た。

　安氏との会話の中で私が注目したことは次の3点だった。①安氏は2001年から2005年までの5年間に7回、取材と撮影のため中国に入ったとのこと。②中国に残った慰安婦を探すため新聞広告を打ったこと。③中国の行く先々で、その地区の中国共産党の人間と接触し、宴席を設けられるなど厚遇されていること。

　以上の3点を聞いて、私は安世鴻氏の慰安婦の取材・撮影活動の後ろ盾は中国共産党だったのではないかと推測した。安氏は2005年の中国での撮影を最後に、その7年後の今年2012年まで中国で撮影した作品を眠らせた。

　なぜ7年間も作品を発表しなかったのか。安氏は中国へ継続して取材に行くには経済的な問題があったと言っている。ひょっとしたら、彼は中国への取材を続けたかったのではなかろうか。私はそう思った。

## 背後に中国の陰

　さらに私は、彼の最後の中国取材から2年後に起きた慰安婦問題において非常に重要な事件を思い出した。2007年2月、アメリカ合衆国下院外交委員会において「慰安婦に対して日本政府の謝罪を求める」121号決議案が、日系アメリカ人マイク・ホンダ下院議員（カリフォルニア州選出）によって上程

가 있는데도 왜 굳이 "Abducted(납치된)"를 썼는지 의구심이 든다. 왜냐 하면 북조선에 의한 납치문제(일본정부가 인정한 피해자17 명, 납치된 가능성이 높다고 인정받은 특정실종자470 명)는 이전부터 영어로 "Abduction Issue(납치문제)"라 부르고 있으며 이 문제에 관해서는 일본인이 납치의 피해자고 가해자는 북조선이다. 그렇기 때문에 위안부 문제에 있어서 고의적으로 "Abducted(납치된)"란 단어를 사용함으로써 이번에는 일본인을 납치가해자로, 조선인을 피해자로 조작할 수 있는 것이다.

즉, 여전히 해결을 보지 못한 70년 가까운 세월이 지난 위안부 문제를 꺼내 들면서, "죄의 상쇄"를 하려 하는 게 아닌가 하는 의구심이 든다.

2012년6월, 사진작가 안세홍씨의 중국에 남겨진 위안부 사진전이 신주쿠 니콘살롱에서 개최되었는데 포토 저널리스트인 신도 켄이치씨가 중간에 서서 나는 안세홍씨의 이야기를 직접 들을 수 있는 기회를 가졌다. 안세홍씨와의 대화에서 내가 주목한 점은 다음 3가지였다. (1) 안세홍씨는 2001년부터 2005년까지 5년 동안 7차례 취재 및 촬영차 중국에 입국했다, (2) 중국에 남겨진 위안부를 찾기 위해 신문광고를 냈다, (3) 중국 각지에서 해당 구역 중국공산당 당국자와 접촉하여 술자리를 가졌다. 이 세 가지로 미루어 볼 때, 나는 안세홍씨가 위안부 취해 및 촬영활동의 후원자는 중국공산당이 아닌가 하는 추측을 하기에 이르렀다. 안세홍씨는 2005년에 중국에서의 촬영을 마친 후 왜 올해까지 7년 동안이나 중국에서 촬영한 작품을 발표하지 않았나 하는 하는 의구심도 동시에 가졌다.

안세홍씨의 말에 의하면 그는 중국에서의 취재를 하는데 있어서 경제적인 문제가 있었다고 한다. 아마도 그는 중국에서의 취재를 계속하고 싶었던 게 아니었을까?

## 배후에 보이는 중국의 그림자

그리고 나는 그가 마지막으로 중국에 다녀오고 나서 2년 후에 일어난 위안부 문제와 관련한 중요한 사건을 떠올렸다. 2007년2월, 미국 하원 외교위원회에서 "위안부에 대해 일본정부의 사죄를 요구하는" 121호 결의이 일본계 미국인인 마이크 혼다

されたのだ。そして、この決議案は同年7月30日採決された。その内容は「日本政府による強制的な軍隊売春制度「慰安婦」は、残虐性と規模において前例のない20世紀最大規模の人身売買」と糾弾するもので、「Sexual Slavery（性的奴隷制）」という言葉が用いられた。

　これが決議された1ヵ月後の8月、米紙ウォールストリート・ジャーナルは、下院議員マイク・ホンダが中国系実業家ノーマン・シュー氏から同年6月に1000ドルの献金を受けたほか、さらに迂回献金によって計2000ドルを受け取っていたことを報じた。

　さらにその後、慰安婦決議の推進で在米の中国系反日組織「抗日戦争史実維護連合会」の支援を受けていたことも明らかになり、ホンダ氏の広報担当グロリア・チャン氏は、もらった献金を返すか、寄付する方針であることを表明した。

　これらの情報を総合し、保守系論陣は2007年に起きた米下院におけるマイク・ホンダによる慰安婦非難決議案の上程と採決の一連の動きには、中国系反日組織による強力な働きかけがあったと見ており、その背後に当然ながら中国共産党がいることが明るみに出た。

　安氏が2001年から5年間に7回にわたって行ってきた中国での取材と撮影を中断したのが2005年。それ以降、彼は元慰安婦の写真を撮影していない。

　私は、この取材活動とマイク・ホンダのアメリカ下院での動きは関連があるのではとしばらく凝視してみたが、それは余計な詮索(せんさく)だったのだろうか。

의원에 의해 상정되었다. 그리고 이 결의안은 같은 해 7월 30일에 통과하였다. 그 결의내용을 보면 "일본정부에 의한 강제적인 군대매춘제도 인 '위안부'는 잔학성과 규모에 있어서 전례 없는 20세기 최대의 인신매매"라 규탄하면서 sexual slavery (성노예제도) 라는 용어를 사용했다.

이 결의안이 통과된 1개월 후인 2007년8월에 미국의 월스트리트 저널 지는 하원의원 마이크 혼다가 중국계 사업가 노먼 슈로부터 2007년6월에 1000불에 달하는 헌금을 받아 그 외에도 우회헌금으로 2000불을 챙겼다고 보도했다.

그리고 그 후, 위안부 결의 추진과정에서 미국의 중국계 반일조직인 "항일전쟁사실위호(維護) 연합회"의 지원을 받았던 사실도 밝혀졌는데 혼다의원의 홍보담당인 글로리아 창씨는 받은 헌금을 반환하거나 기부할 방침이라고 밝혔다.

이들 정보를 종합해, 보수진영에서는 07년에 일어난 미국 하원에서의 마이크 혼다에 의한 위안부 비난 결의의 채택이라는 움직임 이면에는 중국계 반일조직에 의한 강력한 로비활동이 있었다고 보고 있으며 물론 그 배경에는 중국공산당이 있었다고 밝혀졌다. 안세홍씨가 01년부터 5년에 걸쳐서 계속했던 중국에서의 취재와 활동을 중단한 게 05년. 그 이후, 그를 옛 위안부의 촬영을 하지 않고 있다. 나는 안세홍씨가 중국에서의 5년에 걸친 취재활동과 마이크 혼다의 미국 하원에서의 움직임 사이에는 무슨 관련이 있는게 아닌가 해서 잠시 그를 쳐다봤는데 그것은 어쩌면 묻지 말아야 할 질문이었던 것일지도 모른다.

# Chapter 5

# 日本社会の縮図、ニコン事件
## 일본사회의 현주소를 드러낸 니콘사태

　2012年7月9日、写真展は終了したが、ニコンは大阪ニコンサロンのアンコール写真展中止の主張を譲らず、未解決の問題は残されている。日本の写真界も沈黙を続ける。

　2012년 7월 9일, 사진전은 끝났지만, 니콘은 여전히 오사카 니콘살롱에서의 앙코르 사진전 취소를 요구하는 등 문제는 해결되지 않았다. 일본 사진계도 침묵을 지킨다.

### 未解決の問題

　韓国人写真家、安世鴻(アンセホン)さんの新宿ニコンサロン写真展は2012年7月9日に終了した。ニコン側の対応がある意味で"逆宣伝効果"となり、来場者数7900名の異例の盛況となった。安さんは写真展終了後、ニコン側に抗議文を手渡した。全文を掲載しよう(以下、原文ママ)。

株式会社ニコン 取締役社長兼社長執行役員
木村眞琴 様

#### 抗議文

「重重—中国に残された朝鮮人元日本軍『慰安婦』の女性たち」安世鴻写真展に対する貴社ニコンの不当な一方的中止通告と写真展妨害などの行動に抗議します。

　写真展の準備及び進行において、この写真展に協力する写真家たちを無視した処置と展示進行の妨害に対する全てのニコンの行動は「写真文化向上」というにニコンの理念に反する行動であり、写真家と写真愛好家に大きな失望を

### 해결이 안 된 문제

　안세홍 작가의 신주쿠 니콘살롱 사진전은 2012년 7월 9일에 막을 내렸다. 니콘 측 대처가 "역효과"를 초래해, 관람객이 7900명에 달하는 등 이례적인 성황을 이루었다. 그는 사진전 종료후, 니콘 측의 항의문을 전달하였다. 그 내용은 다음과 같다.

주식회사 니콘 대표이사 사장 겸 집행이사
키무라 마코토 님

#### 항의문

〈겹겹-중국에 남겨진 조선인 일본군'위안부'여성들〉안세홍 사진전에 대한 귀사의 일방적인 취소통고와 사진전시 방해등 니콘 의 부도덕한 행동에 항의한다.

　사진전의 준비 및 진행에 있어 니콘은 사진가들을 무시하는 처사와 전시진행의 방해를 위한 모든 행동으로 스스로 '사진문화향상'이라는 니콘의 이념에 반하는 행동을 하였으며, 이는 모든 사진가와 애호가들에게 실망을 안겨

慰安婦写真展が終了後、ニコン側(右)に抗議文を手渡す安世鴻氏(左)＝2012年7月9日(撮影：新藤健一)

사진전 종료후, 니콘 측(오른쪽)에 항의문을 전달하는 안세홍 작가(왼쪽). 2012년 7월 9일 (촬영: 신도 켄이치)

与えた。

　ニコンは裁判所の3度にわたる施設使用の「仮処分」の結果に従うのであるという理由と、施設の管理権限でもっていつでも写真展を中止する事が出来ると威嚇した。

　また、自ら選んだ審査員によって決定された写真展を中止・妨害する逸脱行為は、全世界を見ても探すことのできないものであり、写真家に過大な損害を残した。

　仮処分手続きの進行と展示進行においてもニコンは不道徳な弁護士を雇い、写真展を妨げ写真家と観客の人権を侵害した。写真展の準備段階からニコンは弁護士をサロン内に常駐させ、写真家安世鴻の一挙一動を監視し、誰に会

주었다.

　니콘은 3번의 법원의 가처분 결과를 따른다는 이유와 니콘 살롱이 자신들의 소유라는 이유로, 언제든지 니콘은 이 사진전을 중지시킬 수 있다며 협박을 하였다. 또한 자신들이 선정한 심사위원들 에 의해 결정된 사진전을 방해하는 일탈의 행위는 전 세계 어디에서 찾아볼 수 없는 사진사에 커다란 오점을 남겼다.

　가처분의 진행과 전시 진행에 있어서도, 니콘은 부도덕한 변호사들을 고용해 사진전을 방해하고 사진가와 관람객의 인권을 침해하였다. 사진전 준비부터 니콘은 변호사를 갤러리 내에 상주시키며 사진가 안세홍의 일거수 일투족을 감시하며, 누구를 만나는지, 무슨 대화를 하

いどんな話をするのか、撮影・録音を行っていた。

さらには、安世鴻のサロン外の行動にまで干渉し、他者との会話を横で監視するなど、深刻な人権侵害を行った。また、老若男女を問わず全ての来場者に対し、鞄の中をチェックするなどの行為は深刻な人権侵害である。

ニコンは写真展開催初日から今日まで、報道関係者のサロン内での写真、ビデオ撮影を禁止するなど、取材活動を妨害し、国民の知る権利をも侵害した。また、安世鴻自身によるギャラリー内の写真撮影を禁じるなど、不可解な行動を行った。

写真展が行われている新宿エルタワービル内部で、この写真展を知らせる告知を掲示せず、ホームページでも通常の案内表記がなされないまま、写真展来場希望者に混乱を引き起こした。写真展の基本となるパンフレットの配置において、その数と種類を制限し販売と配布を禁止するなど鑑賞者たちの知る権利と写真家に深刻な損害を与えた。

このような一連の一方的姿勢、対話拒否は一連の混乱と問題を引き起こし、写真家とその家族、関係者の人々に多大な精神的被害と物質的被害を与え続けている。ニコンはこれに対する責任をとり、反省すべきであり、以下の内容を履行する事を要求する。

1. ニコンは、安世鴻写真展開催に対する自らの説明・対応の過ちを認め、全世界の写真家たちに公開謝罪すること。

2. ニコンは、「表現の自由」を抑圧する行為を

는지 촬영과 녹음을 서슴치 않았다. 심지어는 갤러리 외부까지 따라와, 다른사람과의 대화를 옆에서 엿들으며 감시하는 등 심각한 인권침해를 하였다. 또한 관람객 남여노소 구분없이 가방을 열어보는 등 사진애호가 들의 인권을 심각하게 침해하였다.

니콘은 첫날부터 지금까지 취재기자의 갤러리 내부에서의 사진, 비디오 촬영을 금지 시키고 있는 등 취재활동을 원천적으로 막아 국민의 알권리를 침해하였다. 또한 안세홍 자신의 사진전임에도 작가도 갤러리 내부 사진 촬영을 금하는 등 부도덕한 행동을 서슴치 않고 있다.

사진전 진행상황에 있어 사진전이 진행 중인 엘빌딩 내부에서도 본 사진전을 알리는 광고를 전혀 찾아 볼 수 없었으며, 니콘의 홈페이지에서도 정상적인 표기가 이루어지지 않아, 관람객들에 혼란을 야기 시켰다. 전시의 가장 기본인 팜플렛 비치에 있어서, 그 수와 종류를 제한하고 판매와 배포를 금지하는 등 관람객들의 알 권리와 사진가에게 심각한 손해를 입혔다.

이러한 일련의 니콘의 일방적인 자세와 대화 거부는 지금까지의 모든 일련의 혼한과 문제를 야기시켰으며, 사진가와 그의 가족과 주변관개자사람들에게 심각한 정신적 피해와 물질적 피해를 주고 있다. 니콘은 이에 책임을 저야 하며, 반성하고 아래의 사항을 이행할 것을 촉구한다.

1. 니콘은 안세홍사진전개최에 대한 자신의 설명과 대처의 잘못을 인정하고, 전세계 사진가와 사진애호가들에게 공개사죄하라.

2. 니콘은 '표현의 자유'를 억압하는 행위를

中止し、ニコンサロンで行われる写真展に対して同じような対応・行為をしないことを約束すること。

3.ニコンは、安世鴻の大阪アンコール写真展（9月13日-19日）が予定通り行われるよう積極的に協力すること。

4.ニコンは、一方的な写真展中止通告と妨害により生じた精神的、物理的被害を安世鴻に対して補償すること。

ニコンは、上記の項目を実践するとともに、「写真文化の向上」に向けて、誠実な対応をすることを望む。

2012.7.9.
安世鴻

この抗議文に対する回答は、8月17日現在、安さんのもとに届いていない。9月13日-19日に予定されている大阪ニコンサロンでのアンコール写真展も中止が通告されたまま、開催の目処が立っていない。ニコン側は安さん側がどう動くか、静観しているようだ。

### 沈黙する日本の写真家たち

この一連の事件に対して、強く反応したのは、予想通りというか、やはり海外メディアと海外の写真家たちだった。米国のCNNなどがいちはやく問題をとりあげ、世界に向けて報道した。英国の写真家団体や「国境なき記者団」なども懸念を表明し、抗議の声をあげた。

国内でも朝日新聞や東京新聞、共同通信などが積極的にとりあげたが、世論を喚起するにはいたらなかった。

중지하고, 이러한 일이 생기지 않도록 대책을 세워 공표하라.

3. 니콘은 안세홍의 오사카 앙코르 사진전 (9월 13-19일)이 정상적으로 이루어 질 수 있도록 저극 협조하라.

4. 니콘은 일방적인 전시취소통과와 방해로 생긴 정신적, 물질적 피해를 보상 하라

니콘은 위 사항을 실천함과 동시에 앞으로 사진문화향상을 위해서 성실한 대처를 요구한다.

2012. 7. 9
안세홍

이 항의문에 대한 답변은 8월 17일 현재 안세홍 작가 앞으로 전달되지 않았다. 9월 13일부터 19일까지로 예정된 오사카 니콘살롱에서의 앙코르 사진전도 취소가 통보된 채 실현될지 아직 미지수이다. 니콘은 안세홍 작가의 움직임을 조용히 예의주시하는 것 같다.

### 침묵하는 일본의 사진가들

일련의 사태에 대해 가장 강력한 반응을 보인 것은 역시 해외언론과 사진가들이었다. CNN 등이 사태를 전세계로 조속히 보도했다. 영국의 사진가단체나 국경없는 기자회 등도 우려를 나타내며 항의의 목소리를 냈다.

일본 국내에서도 아사히신문이나 도쿄신문, 교도통신 등이 적극적으로 보도하였는데 여론을 환기시키지는 못했다.

나 자신도 포토 저널리스트로서 니콘측의 처사에 항의해 많은 사진가들에게 항의와 대처를 호소했다. 그러나 일본사진협회(PSJ)나 일본 광고 사진가협회(APA)에는 묵살당했고 일본

私自身もフォトジャーナリストとしてニコンの対応に抗議し、多くの写真家たちに抗議や問題への対処を呼びかけた。しかし日本の主流の写真家団体は沈黙した。日本写真協会 (PSJ) や日本広告写真家協会 (APA) は黙殺し、日本写真家協会は (JPS) は、「ノーコメント」の立場を公式にとる。ニコンと持ちつ持たれつの関係なのだろう。

積極的に声をあげたのは、フリーランスのフォトジャーナリストらの団体、JVJA (日本ビジュアル・ジャーナリスト協会) や、一部の心ある個人の写真家ぐらいだった。なかには愛機を捨てる決断をし、抗議した人もいる。

この事件を検証しながらつくづく思うのが、日本社会に蔓延する"事なかれ"の発想だ。「政治」や騒動に巻きこまれたくないと、自社の理念をかなぐり捨て、写真展開催を"積極的に"中止しようとしたニコンの姿は、決して特殊ではないだろう。この事件が「ニコンサロンだから起こったこと」と、果たして言い切れるだろうか。

福島第一原発の事故もそうだが、表現の自由を失ったあとで、その重大さに気づいても手遅れだ。そこにあるのは、周囲の雰囲気に同調し、自由にモノを言えない窒息した社会である。この事件が私たちにつきつける問題は、決して小さくはない。

사진가협회(JPS)는 공식적으로 "노코멘트"였다. 니콘과의 유착관계가 있기 때문일 것이다.

적극적으로 소리를 낸 것은 프리랜서 포토저널리스트 단체나 일본비쥬얼저널리스트협회(JVJA), 그리고 일부 양심 있는 개인 사진가들뿐이었다. 아껴 썼던 니콘 카메라를 버릴 결단을 내림으로써 항의의 뜻을 나타낸 이도 있었다.

이 사태는 검증하면서 뼈에 사무치게 느낀 것이 일본사회에 만연하는 무사안일주의이다. 정치나 말썽에 휘말려들기 싫다고 숭고한 이념을 내팽개치고, 사진전을 "적극 나서서" 취소하려 했던 니콘의 모습은 결코 특별한 것은 아니다. 이 사태가 "니콘살롱이라면 있을 법하다"고 잘라 말할 수 있을까?

후쿠시마 원전 사고에 관한 보도에서는 표현의 자유를 잃어버린 후에야 그 중요성을 깨달았는데 때는 이미 늦은 후이었다. 주변 분위기에 휩쓸려 자유롭게 말을 못하는 숨 막히는 사회이다. 이 사태가 우리에게 던진 문제는 결코 작은 문제가 아니다.

## 安世鴻写真展の開催を求める要望書
### 日本ビジュアル・ジャーナリスト協会（JVJA）

株式会社ニコン・取締役社長　木村眞琴殿
株式会社ニコン・映像カンパニー
フォトカルチャー支援室　御中
ニコンサロン事務局　御中

2012年6月1日

日本ビジュアル・ジャーナリスト協会（JVJA）

### 安世鴻写真展『重重〜中国に残された朝鮮人元日本軍「慰安婦」の女性たち』を予定通り開催することを求める要望書

来る6月26日から新宿ニコンサロンで開催される予定の安世鴻写真展『重重〜中国に残された朝鮮人元日本軍「慰安婦」の女性たち』を中止しますとの貴社から発表されたことに対して、私たち「日本ビジュアル・ジャーナリスト協会」（JVJA）は予定通り同写真展を開催することを強く求めます。

安世鴻氏に対する、突然の一方的な中止通告・発表は、世界的に著名な「Nikon」の名に背く、社会的に誠意ある対応ではありません。また中止する「具体的理由」もこれまで何も示されていません。同写真展を中止する理由として貴社が挙げられている「諸般の事情」「総合的な判断」等の理由は、開催中止を説明する理由として到底理解できるものではなく、同写真展主催者・撮影者はもちろんのこと、私たち写真・映像表現に携わる者としても、絶対に受け入れられるものではありません。

一部報道では「写真展開催に抗議を呼び掛ける書き込みがネット上であった」とされています。こうした抗議に対して貴社がどのような対応・判断をされたのかはこれまで明らかにされていませんが、

## 안세홍 사진전 개최를 촉구하는 요청서
### 일본 비쥬얼 저널리스트 협회（JVJA）

주식회사니콘 대표이사 사장 키무라 마코토 님
주식회사니콘 영상컴퍼니 포토컬처 지원실

2012년 6월 1일

일본 비쥬얼 저널리스트 협회（JVJA）

### 안세홍 사진전 "겹겹-중국에 남겨진 조선인 옛 일본군 '위안부' 여성들"을 예정대로 개최할 것을 촉구하는 요청서

올 6월 26일부터 신주쿠 니콘살롱에서 개최될 예정이던 안세홍 사진전 "겹겹-중국에 남겨진 조선인 옛 일본군 '위안부' 여성들"을 취소하겠다고 귀사가 발표한 데 대해 우리 일본 비쥬얼 저널리스트 협회（JVJA）는 예정대로 사진전을 개최할 것을 강력하게 촉구한다.

안세홍 작가에 대한 갑작스럽고 일방적인 취소 통보 및 발표는 세계적으로 명성이 높은 "니콘"의 이름에 어긋나며 사회적으로 성의있는 대처가 아니다. 취소의 "구체적 이유" 또한 밝히지 않았다. 이 사진전을 취소할 이유로 귀사가 제시한 "제반 사정", "종합적인 판단" 등은 도저히 이해할 수 있는 것이 아니며 사진전 주최자, 촬영자는 물론이고 사진 및 영상 표현에 종사하는 우리 입장에서도 절대 받아들일 수 없다.

"사진전 개최에 대한 항의를 호소하는 댓글이 인터넷상에 있었다"는 일부보도가 있었다고 하지만 그러한 항의에 대해 귀사가 어떻게 대처, 판단하였는지 밝히고 있지 않으며 귀사 니콘살롱의 선정위원회가 심의한 결과를 바탕으로 개최를 승낙, 결정, 고지하였음에도 외부의 항의나 압력으로 중지, 취소한다면 헌법으로

Chapter 5　49

貴社ニコンサロンの選考委員会が審議した結果を受けて、開催することを承諾・決定・告知した写真展示を、何らかの外部からの抗議や圧力を受けて自粛・中止するような対応を仮にしたとすれば、憲法で保障された「表現の自由」「言論の自由」を損なう行為です。

写真展会場は誰もがその写真を鑑賞できる施設で、その写真を自由に論評・批評できる公共的空間としての役割も担っています。貴社ニコンサロンの公式ホームページに記載された「写真文化の普及・向上を目的とする写真展示場」「多くの写真家・写真愛好家の方々に写真活動の場を提供してきました」貴社の歴史と社会的責任を鑑みても、今回のような一方的な中止通告・発表は極めて残念な行為と言わざるを得ません。

貴社の中止発表を撤回し、同写真展を予定通り開催することが、ニコンサロンとしての安氏らへの誠実対応であると同時に、プロ・アマを問わず写真表現に携わるすべての者とニコンサロン写真展来場者に対する誠実な対応であると私たちは考えています。それは写真表現のみならず、人間のあらゆる表現活動に対して、貴社が取るべき社会的責任ある対応ではないでしょうか。

私たちは安世鴻氏の写真展に対する、今後の貴社の対応・発表に注目し続けます。

以上

日本ビジュアル・ジャーナリスト協会（JVJA）
〒101-0063　東京都千代田区神田淡路町1-21静和ビル2F
TEL 090-6101-6113　office@jvja.net
共同代表（佐藤文則・綿井健陽・国森康弘）会員（森住卓・古居みずえ・土井敏邦・山本宗補・豊田直巳・林克明・桃井和馬・野田雅也・小林正典・権徹）

JVJAがニコン側に提出した要望書。オンラインマガジン『fotgazet』のホームページより（2012年6月8日更新）

---

보장된 "표현의 자유", "언론의 자유"를 훼손시키는 행위가 아닐 수 없다.

사진 전시장은 누구나 사진을 관람하고 자유롭게 논평할 수 있는 공적 공간의 역할을 지니고 있다. 귀사 니콘살롱은 공식 웹사이트에 기재된 대로 "사진문화의 보급 및 향상을 목적으로 하는 사진 전시장"을 "많은 사진가 및 애호가들에게 사진 활동의 장을 제공"해 왔다. 귀사의 역사와 사회적 책임을 감안하면, 이번의 일방적 취소 통보 및 발표는 심히 유감스러운 일이 아닐 수 없다.

귀사가 취소 발표를 철회하여 예정대로 사진전을 개최하는 것이 니콘의 이름에 걸맞은 성실한 대처인 동시에 프로와 아마추어를 막론하고 사진 표현에 몸담아온 모든 이들과 니콘살롱을 찾아오는 관람객에 대한 성실한 대처이다. 그것은 사진 표현뿐만 아니라 인간의 모든 표현 활동에 대해 사회적으로 책임 있는 기업인 귀사가 해야 할 대처이기도 하다.

우리는 안세홍 작가의 사진전에 대한 귀사의 금후 대처와 발표에 예의주시할 것이다.

이상

일본 비쥬얼 저널리스트 협회 (JVJA)
101-0063　도쿄도 치요다구 칸다아와지쵸
1-21 세이와빌딩 2층
TEL 090-6101-6113　office@jvja.net
공동대표 (사토 후미노리, 와타이 타케하루, 쿠니모리 야스히로) 회원 (모리즈미 타카시, 후루이 미즈에, 도이 토시쿠니, 야마모토 무네스케, 도요타 나오미, 하야시 카츠아키, 모모이 카즈마, 노다 마사야, 코바야시 마사노리, 권철)

JVJA가 니콘 측에 제출한 요청서. 온라인 매거진 "fotgazet" 웹사이트에서(2012년 6월 8일 갱신)

## I AM CENSORED
WWW.IAMCENSORED.CO.UK

英国の写真家たちの抗議サイト。616人が抗議の意思表示をしている（2012年8月17日現在）

영국 사진가들의 항의사이트. 616명의 항의의 뜻을 나타내고 있다. (2012년 8월 17일 현재)

---

**REPORTERS WITHOUT BORDERS**
FOR FREEDOM OF INFORMATION

2012年6月11日　パリにて

主題：アン・セホン氏ドキュメンタリー写真展示会への情報統制に対する「国境なき記者団」の立場

情報の自由を目指す団体「国境なき記者団」は6月26日〜7月9日に東京・新宿ニコンサロンで開催予定していたアン・セホン氏の写真展「重重―中国に残された朝鮮人元日本軍『慰安婦』の女性たち」への情報統制を厳しく非難する。

同写真作品は美術的な品質だけでなく、アン・セホン氏による2001年からの綿密な取材に基づいたドキュメンタリー作品としての価値がある。教養的価値のある重要な作品であるからして、政治的考慮を問題とすることなく可能な限りより多くの人々の目に晒されるべき作品と言える。

5月30日、「国境なき記者団」との取材の中で、アン・セホン氏は約1週間前に新宿ニコンサロンから展示会の中止に関しての電話が入ったことを話した。ニコン側はセホン氏に対してひたすら謝罪するのみで、展示会中止の理由を説明しようとする努力はしていなかった。

最初の通知は5月22日である。続いて、「国境なき記者団」が同月30日、ニコン本社に電話すると、あらかじめ決められた回答が機械的に繰り返えされた。「諸般の事情を総合的に考慮し、展覧会を中止するに至った」―。電話でのやり取りの間、「国境なき記者団」が追及した結果、ニコン側は「本社に、展覧会に対しての抗議メールや電話がかなり殺到した」との事実を認めた。

同メッセージからして、このような背景は、直接ニコン側が写真展を中止するという強硬な手段に臨んだという要因と言える。更に、5月24日付けの正式な謝罪状では、第2回で予定していた2012年9月13日〜9月19日の大阪ニコン展示会までもキャンセルしたことが記載されている。

「国境なき記者団」の抗議文（2012年6月11日付）

"국경없는 기자회"의 항의문. (2012년 6월 11일)

Chapter 5　51

# 寄稿 ③ 기고문

## ニコンの「政治的」介入が映し出したもの
### 니콘의 "정치적" 개입이 투영한 것

**綿井健陽** 와타이 타케하루
（映像ジャーナリスト／JVJA共同代表）
（영상 저널리스트／JVJA 공동대표）

　近年マスメディアのタブーとされてきた感のある「慰安婦問題」。今回の事件も国内の主要メディアや写真家たちの反応は薄かった。その背景に何があるのか。映像ジャーナリストの綿井健陽氏が寄稿してくれた。

　최근 언론에서는 금기시되는 듯한 "일본군 위안부 문제". 이번 사태에 대한 일본 국내 주요언론이나 사진가들의 반응은 신통치 않았다. 그 배경에는 무엇이 있는가? 영상 저널리스트 와타이 씨가 설명한다.

### ■一写真家に対する写真展はく奪行為

　新宿ニコンサロンで予定されていた韓国人写真家、安世鴻の写真展への中止通告をめぐる動きは、「慰安婦問題を巡る騒動」ではない。「ある写真家とある企業のギャラリーとの間で起きた、写真展示をめぐるトラブル」でもない。

　「写真機器メーカー・ニコンが示した、一写真家に対する写真展示はく奪行為」だからこそ、私自身は「重大問題」だと認識している。そして、「ニコンが主張する中止理由」とは、写真のみならず、映像や絵画なども含めて、あらゆる表現行為とその機会にとって、「危険」な妨害だと思ったからこそ、私はこれまで対応や発言を続けてきた。

　ニコンが行ったその行為と説明は許されることなのだろうか。

　それまで「諸般の事情」「総合的に考慮した結果」とだけ説明していたニコン側が、展示を中止した理由を述べたのは2012年6月10日付の書面だった。安世鴻が東京地裁に申し立てた仮処分（契約に基づく施設使用権）に対して提出した答弁書だ。

　「（安氏による）マスコミを通じた政治活動が行われている」

　「本件写真展も『政治活動』の一環」

　「『政治性』を有することが明らか」

　そして、「ニコンサロン写真展の本来の目的に合致しないことが明白となったので、展示という便宜

### ■한 사진가에 대한 사진전 박탈 행위

　신주쿠 니콘살롱에서 예정되었던 한국인 사진가 안세홍 씨의 사진전 취소 사태를 둘러싼 움직임은 단순히 "위안부 문제를 둘러싼 소동"이 아니다. 또한, "한 사진가와 한 기업 사이에서 일어난 사진 전시를 둘러싼 트러블"도 아니다.

　"사진기기 제조업체 니콘에 의한 한 사진가에 대한 사진 전시 박탈 행위"이기 때문에, 나는 "중대한 문제"로 인식하고 있다. 그리고 "니콘이 주장하는 취소 이유"는 사진뿐만 아니라 영상이나 회화를 포함한 모든 표현 행위와 그 기회에 대한 위험한 방해라 생각했기 때문에, 나는 지금까지 대처나 발언을 계속해 왔다.

　니콘의 행위는 과연 용납할 수 있는 것일까? "제반 사정"을 "종합적으로 고려한 결과"라는 설명만 했던 니콘 측이 2012년 6월 10일부 서면을 통해서 전시를 취소한 구체적인 이유를 밝혔다. 안세홍 작가가 도쿄지법에 신청했던 가처분(계약에 의한 시설 사용권)에 대해 제출한 답변서이다.

　"(안세홍 작가에 의해) 언론을 통한 정치활동이 행해지고 있다", "본 사진전도 '정치활동'의 일환", "'정치성'이 있음이 명백하다".

　그리고 "니콘 사진전의 본래 목적에 합치하지 않음이 명백해졌으므로 전시라는 편의 제공을 취소하기로 하였다"고 주장하였다. "소극적으로"라고

の提供を中止することとした」と主張している。そして、「消極的には」と補足しているものの、「政治性が付加されていないこと」が、ニコンサロンの応募条件の要件として含まれているとまで書いてきた。

当初は、「右派団体による抗議活動や写真展中止を求めるネット上での書き込みが殺到したことによって、ニコンの会社上層部は中止という自粛の判断をした」というのが大方の見方だった。

ところがニコンは、中止の「理由」を、あたかも安世鴻本人の方に非があるような説明をしてきたことで、「新宿ニコンサロン中止問題」はその構図が大きく変化する。

## 「政治性」のない写真は存在しない

もし、ニコン側が「脅しや抗議してくる連中は気にしないでいいですよ。一緒に頑張りましょう」とでも、安世鴻に伝えて、写真展の準備をそれまで通り進めていれば、本人も周囲も対応は全く違っていただろう。ニコンが自ら決めたことを淡々と実行していれば、右派連中の抗議や嫌がらせにさらされる彼らもいわば「被害者」だったはずだ。

写真の政治性を問題にするのであれば、「すべての写真は何らかの政治性を含んでいる」としか定義できない。政治性のない写真はこの世に存在しない。それが風景写真でも、動物写真でも、防犯カメラの写真でも、どんな写真であっても、あるいはそれが映像や絵画であっても、何らかの「政治性」から逃れることはできない。単に、「特定の政治団体と関連している」「政治活動に携わっている」といったことではない。

個々の人間の内面に関わる「政治性」とその表現作品を切り離すことは不可能である。写真を撮る人、写真に映っている人や物、写真を映されたときの状況、あるいは映っていない人や物、その写真が掲載された媒体、構図、写真説明、そして、その写真を見る人まで、それらすべてに何らかの「政治性」は必ず含まれている。その何らかの「政治性」が、「ある、ない」という判断もまた、「政治的」でしかない。

ニコンサロンで展示をする写真をこれまで選んできたのは、「ニコンサロン選考委員会」(当時の選考委員は、土田ヒロミ、大島洋、伊藤俊治、北島敬三、

덧붙였으나 "정치성이 부가되어 있지 않은 것"이 니콘살롱 응모조건으로 포함되어 있다고 밝혔다.

애당초, 대부분의 사람들은 "우파 단체에 의한 항의활동이나 사진전 취소를 촉구하는 인터넷 댓글이 쇄도함에 따라 니콘 경영진은 스스로 취소할 것을 결정하였다"고 보고 있었다.

그런데 니콘 측은 취소 "이유"를 마치 안세홍 작가에게 잘못이 있는 것처럼 설명함으로써 "신주쿠 니콘살롱 취소 사태"의 구도가 크게 변화하였다.

## "정치성"이 없는 사진은 없다

만약에 니콘이 "협박이나 항의 따위는 신경 안 써도 된다, 함께 성공시키자"고 안세홍 작가에게 말하고 사진전 준비를 예정대로 했더라면, 본인이나 주변의 반응은 전혀 달랐을 것이다. 니콘이 스스로 정한 대로 담담히 실행했더라면 우익들의 항의나 협박에 노출되는 그들도 "피해자"였을 것이다.

니콘은 사진의 정치성을 문제 삼는데, 모든 사진에는 정치성이 포함되며, 정치성이 없는 사진은 이 세상에 존재하지 않는다. 그것이 풍경 사진이든 동물 사진이든 방범카메라 사진이든, 영상이든 회화이든 "정치성"에서 벗어날 수 없다. 단순히 "특정 정치단체와 관련이 있다"거나 "정치활동에 참여하고 있다"는 것이 아니다.

개개인의 내면과 연관된 "정치성"과 그 표현 작품을 분리시키기란 불가능하다. 사진을 찍는 인물, 사진에 찍힌 인물이나 사물, 사진이 찍혔을 때의 상황 혹은 찍히지 않은 인물이나 사물, 그 사진이 실린 매체, 구도, 사진 설명, 그리고 그 사진을 보는 이까지 그 모두에 "정치성"이 꼭 포함되어 있다. "정치성 유무"의 판단 역시 "정치적"이 아닐 수 없다.

니콘살롱에서 전시하는 사진은 "니콘살롱 선정위원회"(당시 위원은 츠치다 히로미, 오시마 히로시, 이토 토시하루, 키타지마 케이조, 타케우치 마리코의 5명)에 의해 선정된다. 만약에 그들이 "정치성"을 이유로 어떤 사진 작품을 선정하지 않았다면, 그것은 단순히 "선정위원회가 판단한 결과"에 불과하다. 그것은 선정위원의 "정치성"에 의한 것인데 응모한 촬영자는 그 결과를 받아들일 수밖에 없을 것이다.

그러나 안세홍 작가의 사진은 그 선정위원회가

竹内万里子の5人）だ。もし彼らが「政治性」を理由に、ある写真作品を選ばなかったとしても、それは「選考委員会が判断した結果」としか言えない。それは選考委員による「政治性」だが、そこに応募した撮影者はその選考結果を受け入れざるを得ないだろう。

しかし、安世鴻の写真は、その選考委員会が審議・決定した作品であり、それをニコンは開催1カ月前になって突如、中止を通告・発表したのである。

これこそがニコンによる何よりもの「政治的」行為であり、一写真家に対する不当な「政治的」介入でしかない。出品者を切り捨て、中止理由を無理筋で作り出し、これで右派団体の標的にならずに乗り切れると目論（もくろ）んだ。

もし今回の写真展が、著名な日本人写真家が撮影した作品であっても、ニコン側は同じような対応や説明をしたであろうか。相手が韓国人写真家で、かつ「慰安婦問題」が関わっているため、ニコン側は中止理由を安世鴻に押しつけたのだ。それが、今回のニコンの説明・対応で最も重い"罪"だ。これによって、ニコンは、すべての立ち位置と拠りどころを失った。

## 止まらない「自粛（しゅく）の連鎖」

思い返せば、2008年の映画『靖国』の上映中止騒動は、当時の国会議員による試写要求や映画主人公への出演拒否の説得など、あからさまな政治介入が発端だった。同じく2010年の映画『ザ・コーヴ』の場合は、右派団体「主権回復を目指す会」のメンバーによる、配給会社と映画館への上映中止を迫る執拗（しつよう）な脅迫と街宣活動だった。

映画『靖国』上映中止騒動が起きた時、「ちょっとでも危ない匂いを感じたら、すぐふたをするような感じがあります」と同映画の配給宣伝担当者が話していた（月刊「論座」2008年6月号、朝日新聞社）。当時、最初に上映中止を決めた映画館は、結局「自粛」によるものだった。映画館の直接の支配人ではなく、親会社やオーナーが「他のお客様にご迷惑をかける恐れ」「警備の都合上」などの理由で、いとも簡単に中止を決めた。一方、早々と上映中止を決めた映画館があったものの、自ら上映に名乗りをあげた勇敢

심의한 결과 전시가 결정된 작품인데도, 니콘은 그것을 개최 한 달을 앞두고 돌연 취소를 통보, 발표한 것이다.

이것이야말로 니콘에 의한 "정치적" 행위이자 한 사진가에 대한 부당한 "정치적" 개입이 아닐 수 없다. 출품자를 내팽개치고 취소 이유를 억지로 만듦으로써, 우익들의 표적이 되기를 면하려 하였다.

만약, 이번 사진전이 저명한 일본인 사진가가 촬영한 작품이었다면 니콘 측은 이번과 같은 대처나 설명을 하였을까? 상대방이 한국인 사진가로 "위안부 문제"가 얽혀 있기 때문에 그들은 취소 이유를 안세홍 작가에게 탓으로 돌려 버린 것이다. 그것이 이번에 니콘이 지은 가장 큰 "죄"이다. 이로 인해 니콘은 모든 설 자리와 기댈 곳을 잃고 말았다.

## 멈출 줄 모르는 "자제의 연쇄"

돌이켜보면, 2008년의 영화 "야스쿠니" 상영 취소 소동은 당시 국회의원이 시사회 개최를 요구하였고 영화 주인공에 대해 출연 거부 설득에 나서는 등, 노골적인 정치 개입이 발단이었다. 2010년의 영화 "더 코브: 슬픈 돌고래의 진실"의 경우 역시, 우익단체 "주권회복을 위한 모임"의 회원이 배급사나 극장에 상영 취소를 요구해 집요한 협박과 항의활동이 그 발단이었다.

영화 "야스쿠니" 상영 취소 소동이 일어났을 당시, "조금이라도 위험할 것 같으면 바로 덮어버리려는 풍조가 있다"고 이 영화 배급 선전 담당자가 증언하였다. (월간 "논좌" 2008년 6월 호, 아사히신문사 펴냄). 당시, 처음으로 상영 취소를 결정한 극장은 "자숙"한 것이다. 극장의 지배인이 아니라 모기업이나 오너가 "다른 손님에게 폐를 끼칠 우려"나 "경비 상의 사정"과 같은 이유를 들어 상영 취소를 결정했는데 심각하게 고민한 것 같지는 않았다. 한편, 상영하려는 용기 있는 극장이 속속히 나타나기도 했다.

그러나 그러한 "대체 수단"에만 의존하게 되면, 또 같은 반복될 것이다. 니콘살롱 대신 사진전을 개최할 수 있는 전시장을 처음부터 다시 찾는 게 아니라, 먼저 니콘의 취소 통보를 철회시켜 니콘살롱에서의 사진전 개최를 실현시킴으로써 많은 이들이 그 사진을 보는 기회를 보장하는 것이 그러한 "자제의 연쇄"

初日の安世鴻氏の写真展会場。外での右派団体の演説、警察と警備員の数々、金属探知機音と、騒々しい空気の脇で、一つの花束が置かれていた。花束は、ニコン側に撤去された＝2012年6月26日（撮影：綿井健陽）

안세홍 사진전의 첫날 모습. 밖에서 우익단체가 연설하고 경찰과 경비원, 금속탐지기 등 떠들썩한 분위기 속에서 꽃다발 하나가 바쳐졌다. 꽃다발은 니콘 측에 의해 철거되었다. 2012년 6월 26일 (촬영: 와타이 타케하루)

な映画館も連鎖的に出てきた。

　そうした「代替」ばかりに頼っていたら、また同じことの繰り返しになる。ニコンサロンの「代替」写真展会場を最初から探すのではなく、まずニコンの中止発表を撤回させ、ニコンサロンでの写真展を実現させて、多くの人がその写真を観る機会を保障する。そうやって、「自粛の連鎖」をまず食い止めることが最優先だと考えていた。

　写真を見ようとする人たちへの機会や場所を、写真機器メーカーが自ら葬ろうとしているのだから、この写真展に対する「抗議」「圧力」を止めさせるというよりも、ニコン側の説明や対応をあらためさせなければならなかった。

　東京地裁が出した仮処分（施設使用）決定全文と、その後2度にわたるニコン側の異議申し立て却下の決定全文を読む限り、ニコン側の主張は全面的に否定されていた。

　だが、結局ニコン側は最後まで強硬な拒否姿勢を

를 막는 최우선 과제라 생각하였다.

　사진을 보는 기회나 장소를 사진기기 제조업체 스스로가 매장시키려 하는데, 이 사진전에 대한 "항의"나 "압력"을 중지시키기보다 니콘 측의 설명이나 대처를 바로잡게 해야 한다고 생각하였다.

　도쿄지법이 내린 가처분 (시설 사용) 결정서와 그 후 두 번 있었던 니콘 측 이의신청에 대한 기각 결정서를 보면, 그들 주장은 전면적으로 기각되었음을 알 수 있다.

　그러나 결국 그들은 마지막까지 강경자세로 일관하여 법원에 의한 시설 사용 명령에 마지못해 사진전을 "임시적으로" 개최하였다. 그들이 "무엇을 위해, 누구를 위해" 싸우고 있는지 알 수 없는 채, 신주쿠 니콘살롱에서의 사진전은 막을 내렸다.

## 침묵을 지키는 "니콘과 그 동조자들"

　그런데, 니콘의 간부, 종업원, 변호사 등 "니콘 측 사람들"의 이해할 수 없는 설명이나 성실하지 못한

貫き、裁判所による施設使用命令という法的決定に渋々従うという形で写真展は、「仮に」開催された。ニコンが「何のために、誰のために」争っているのかもわからないまま、新宿ニコンサロンでの写真展は終了した。

## 沈黙する「ニコンムラ」

しかし、ニコンの会社幹部・ニコンサロンスタッフ・弁護士など、「ニコン側の人たち」の不可解な説明や不誠実な対応は、本当に彼らニコン特有のものだったのだろうか？

この問題に「沈黙」をした、強いられた人たち、「面倒なことに巻き込まれたくない」と思っていた日本人の"代表者"と見るべきなのではないか、という気もしている（ニコンの対応や説明を免罪するためにこれを言っているのではないことを強調しておく）。

写真表現に携わっている者としてニコンの対応は絶対に看過できないと、JVJA（日本ビジュアル・ジャーナリスト協会）会員の森住卓や元共同通信カメラマンの新藤健一らは、この問題を知った当初から抗議を続け、周りの写真家にも対応を呼びかけた。

だが、それらへの反応は薄く、むしろ写真表現に携わっているから逆にニコンに対しては言いにくいという人が予想以上に多数いることを知った。

ニコンサロンは写真家たちにとっては権威あるギャラリーであり、いわば発表媒体の一つである。ニコンから後援や協賛を受けて、様々な写真家が関わる企画展示も開かれてきた。写真業界というよりも、写真家とニコンの関係性は歴史的にも金銭的にも深い。ベテランの報道写真家やフォトジャーナリストの間でも、新宿ニコンサロン中止問題に対して「沈黙」を貫いた人たちは少なからずいた。

特に、社団法人「日本写真家協会」（田沼武能会長）に対しては、森住や新藤らも同協会理事らにニコンサロン中止問題の対応を何度か迫ったが、同協会としては「対応しない」「ノーコメント」という結論にいたったという。

本来ならば、同協会がニコン側と安世鴻の間に入って仲裁・解決に向けて動くべき問題だった。ある写真家が写真機器メーカーから被っている表現の妨害・被害を、写真家団体が何も対応しないので

대처는 정말 니콘 특유의 현상일까?

이 문제에 대해 "침묵"하였거나 혹은 그것을 강요받은 이들은 "말썽에 휘말려 들기 싫다"고 생각하기 일쑤인 일본인의 "대표"로 봐야 하는 게 아닌가 하는 생각이 든다. (물론 이는 니콘 측의 대처나 설명을 면죄시키기 위한 것이 아님을 강조한다.)

사진 표현에 몸담아온 사람으로서 니콘 측의 대처는 절대로 간과할 수 없다며 JVJA (일본 비쥬얼 저널리스트협회) 회원인 모리즈미 타카시나 교도통신의 전직 카메라맨인 신도 켄이치 등은 이 문제가 알려지자 바로 항의를 시작하였고 주변의 사진가들에게도 대처를 호소하였다.

그러나 반응은 신통치 않았고 오히려 사진 표현의 몸담아 있는 만큼 니콘에 대해 말하기 꺼려진다는 이들이 예상외로 많이 있다는 것을 알았다.

니콘살롱은 사진가들에게 있어서 권위 있는 사진갤러리이자 발표 매체 중 하나이다. 니콘으로부터 후원이나 협찬을 받아, 많은 사진가들이 기획 전시를 해 왔다. 사진가들과 니콘과의 관계는 역사적으로도 경제적으로도 깊다. 원로 보도 카메라맨이나 포토 저널리스트 사이에서도 니콘살롱 취소 사태에 대해는 "침묵"으로 일관한 이들이 적지 않다.

특히 사단법인 "일본사진가협회" (타누마 타케요시 회장)는 모리즈미나 신도가 니콘살롱 취소 사태에 대해 대처할 것을 협회 이사들에게 몇 번이나 촉구하였는데도 "대처하지 않는다", "노 코멘트"라는 결론을 내렸다고 한다.

원래대로라면 이 협회가 니콘과 안세홍 작가 사이에서 중재 역할을 하여 해결을 위해 움직였어야 마땅하다. 한 사진가가 사진기기 제조업체로부터 표현에 대해 방해와 피해를 당하고 있음에도 사진가 단체가 아무런 대처도 하지 않는 것은 "부작위범"이나 다름없다.

이러한 니콘과 일본 사진가들의 관계성을 보고 있노라면 원자력 산업을 둘러싼 전력 업계와 언론의 관계와 비슷한 관계가 형성되어 있는 것 같아 경악스럽기 짝이 없다.

그러나 그러한 니콘과의 관계와는 별도로 "위안부 문제가 얽혀 있기 때문에 상관하고 싶지 않다"거나 "말썽에 휘말려 들기 싫다"는 이들이 잠재적으로 더 많을 것이며 아마도 최다수파일 것이다.

は、"不作為犯"としか言いようがない。

　こうしたニコンと日本の写真家たちとの関係性を見ていると、「原子力ムラ」のような電力業界とマスメディアとの関係性に近い、「ニコンムラ」が写真界に形成されていることに驚きを禁じ得ない。

　しかし、そうしたニコンとの関係性とは別に、「慰安婦問題が絡んでいるので、それには関わりたくない」「面倒なことに巻き込まれたくない」という人たちは潜在的にはもっとたくさんいるだろう。恐らくこの層が最も多数派だ。

　新宿ニコンサロンでの写真展中止が発表された直後、海外メディアはCNNなどが真っ先に取材・放送した。英国の写真家たちもニコンに抗議する署名活動を独自に始めた。海外メディアのその反応に比べて、日本のマスメディアでは、朝日新聞が継続的に取材・報道した他は、極めて小さな扱いか、何も報じなかった。

## 慰安婦問題は「沈黙・回避」の対象

　慰安婦問題を巡る"事件"は、2001年のNHK「ETV特集」番組改変問題がその典型だが、マスメディアの中でこのテーマが絡むと右派団体による抗議活動にさらされるか、匿名での脅迫や嫌がらせが起きているという印象を私は抱いていた。

　特に、ETV番組改変問題では、NHK側の対応や説明の不可解さも加わって、当時のNHK担当プロデューサーやデスク、番組を企画した制作プロダクション、そして、この問題を報じた朝日新聞記者らまでもが、人事異動や辞職という道に追い込まれた。そして、慰安婦問題はテレビ界では触れることができないような「沈黙」「回避」の対象となってしまった感がある。

　この問題に関わった人たちは、多かれ少なかれ"向こう傷"を追ってきていることも、「面倒な問題」というイメージを増幅させ、拒否反応を生み出している一因でもある。

　「新宿ニコンサロン中止問題」が写真界に本当に影響を及ぼすのは、これからだろう。ニコン側が裁判所に提出した陳述書によると、選考委員による選考にはニコンサロン事務局は関与せず、選考の判断結果を同事務局が覆すことは過去ほとんどなかったと

신주쿠 니콘살롱에서의 사진전 취소가 발표된 직후, CNN 등 해외언론들은 즉각 취재, 보도하였다. 영국 사진가들도 니콘에 항의하는 서명 활동을 독자적으로 시작하였다. 해외언론의 반응에 비해, 일본 언론에서는 아사히신문이 지속적으로 취재, 보도한 것을 제외하면 극히 작은 기사로 다루었거나 아예 보도하지 않았다.

## 위안부 문제는 "침묵·회피"의 대상

　위안부 문제를 둘러싼 "사태"로는 2001년 NHK "ETV특집" 프로그램 개찬 문제가 그 전형인데, 언론에서 이 주제를 다루려 하면 우익에 의한 항의활동에 봉착하거나 익명의 협박을 받는다는 인상을 가지고 있었다.

　특히, ETV프로그램 개찬 문제에 있어서는 NHK측의 대처나 설명이 이해할 수 없는 것이었고 당시 NHK 담당 PD나 취재·편집 담당자, 프로그램을 기획한 제작회사, 그리고 이 문제를 보도한 아사히신문 기자까지 좌천당하였거나 퇴직할 수밖에 없는 상황에 몰렸다. 그렇게 해서 위안부 문제는 방송국에서는 다루지 못하는 "침묵"과 "회피"의 대상이 되어버렸다는 생각이 든다.

　이 문제에 발을 들여 놓은 이들은 크고 작은 상처를 받았는데, 그것도 "귀찮은 문제"라는 이미지를 증폭시켜 거부반응을 낳는 한 원인이기도 하다.

　앞으로 "신주쿠 니콘살롱 취소 사태"가 본격적으로 사진계에 영향을 미치기 시작할 것이다. 니콘측이 법원에 제출한 진술서에 따르면 선정위원에 의한 선정에 니콘살롱 사무국은 관여하지 않고 선정위원회의 판단을 사무국이 번복시킨 사례는 거의 없었다고 한다.

　그러나 앞으로는 다시 한번 "심사"가 아닌 "검열"이 선정위원회와 별도로 니콘 내부에서 이루어질 것이다. 그야말로 "정치적"으로.

　이 사진에 정치성은 없을까?
　촬영자에 정치성은 없을까?
　항의나 비판을 받을 우려는 없을까?
　그리고 이러한 이야기가 오갈지도 모른다.
"이건 좀 안 하는 게 낫지 않을까요?"
"그때처럼 귀찮아질 것 같네요."
　이러한 이야기가 니콘 본사에서, 아니, 다른 사진

いう。
　しかし今後はもう一度"審査"、いや"検閲"が、選考委員会とは別のところで、ニコン内部で行われるだろう。それこそが"政治的に"。
　この写真の政治性はないか？
　撮影者の政治性はないか？
　抗議や批判が来る恐れは？
　そして、こんな会話が聞こえてくるのかもしれない。
　「これはちょっとやめときましょうか？」
　「またあのときのような面倒なことになりそうですからね」
　これがニコン本社のある場所で、いや他の写真機器メーカーの写真展審査会場でも聞こえてくるかもしれない。写真に限ったことではなく、映画や企画をめぐって、何かを上映・展示する場所や主催者たちの間かもしれない。
　だが、それが声で聞こえてくるのであれば、まだましだ。恐らく声にも出さなくなり、みんな沈黙するのだろう。そして、いずれ自らの身体の中でも「自粛・委縮・回避」を自ら選択するようになる。こうして、タブーやアンタッチャブルなテーマがつくられていく。

## ┃「表現の自由」を守るために

　映画『靖国』『ザ・コーヴ』上映中止騒動が起きたとき、映画の内容が「反日的」、あるシーンが「ねつ造だ」と非難する人たちがいた。慰安婦問題に関しては、その多くが「慰安婦はねつ造」「単なる売春婦」「慰安婦の証拠を見せろ」などという誹謗・中傷が際立つ。
　慰安婦問題に対する様々な見解や異論も、もちろん「表現の自由」である。それが暴力的なものでなければ、「抗議する」自由も権利もある。どんな問題でも、誰でも自由に批判や論争をできる環境。それぞれがジャッジや評価を自由に下せる社会が民主主義の前提だ。
　しかし、それを実現するためには、まず「見る」「見せる」、「知る」「知らせる」、「聞く」「聞かせる」場所と機会と人を守らなければならない。
　社会学者の芹沢一也は以前こう書いている

기기 제조업체의 사진전 심사회장에서 들려 올지도 모른다. 사진뿐만 아니라 영화를 상영하는 극장이나 작품을 전시하는 전시장 관계자나 주최자들 사이에서 오갈지도 모른다.
　그러나 그러한 소리가 아직 들린다면 그나마 낫다. 아무도 소리 내지 않고 침묵하게 될 것이고 "자숙·위축·회피"가 내면화된다. 이렇게 해서 타부나 다룰 수 없는 주제가 만들어질 것이다.

## ┃"표현의 자유"를 지키기 위해

　영화 "야스쿠니", "더 코브" 상영 취소 사태가 벌어졌을 때, 내용이 "반일적"이다, 한 장면이 "날조"라고 비난하는 이들이 있었다. 위안부 문제에 관해서는 "위안부의 존재 자체가 날조", "단순한 매춘부", "증거를 보여라"는 비방·중상이 눈에 띄었다.
　위안부 문제에 대한 각가지 견해나 이론도 물론 "표현의 자유"에 포함된다. 그것이 폭력적이지만 않다면 "항의할" 자유도 권리도 있다. 어떤 문제든 누구나 자유롭게 비판하거나 논쟁할 수 있는 환경. 각자가 자유롭게 평가를 할 수 있는 사회가 민주주의의 전제조건이다.
　그러나, 그것을 실현시키기 위해서는, 먼저 "본다", "보여준다", "안다", "알린다", "듣는다", "들려준다", 그 모두를 할 수 있는 장소, 기회, 그리고 사람을 지켜야 한다.
　사회학자 세리자와 카즈야는 다음과 같이 말한다. (2010년 3월에 교도통신이 보도한 연재기획 "논고 2010")
　"부정적인 현상에 어떻게 대처할 것인가. 그것에는 사회가 가지고 있는 성격이 뚜렷하게 드러난다."
　"부정적인 현상을 앞둔 상황에서야 그 사회가 본질이 드러난다."
　"신주쿠 니콘살롱 취소 사태"는 명백하게 부정적인 현상이다. 그리고 이 문제를 앞두고 니콘뿐만 아니라 누가 어떻게 대처하였는지 혹은 하지 않았는지 일본사회의 성격과 본질이 확연히 드러났다.
　이번 사진전뿐만 아니라 영상이든 글이든 회화이든 어떤 표현 행위나 장소를 빼앗기는 사태에 대해서 표현 활동에 종사하는 자, 특히 직업으로 삼는 자가 침묵을 지키거나, 아무 말도 하지 않는 일만은 절대로 있을 수 없다.

(2010年3月に共同通信から配信された連載企画「論考2010」)。
「ネガティブな現象にどう対処するか、そこには社会がもつ性格がはっきりと顔をのぞかせる」
「ネガティブな現象を前にしたときこそ、その社会の本質が立ち現れる」
「新宿ニコンサロン中止問題」は、明らかにネガティブな現象だった。そして、この問題を前にしたとき、ニコンだけではなく、誰がどう対処したか、しなかったか、日本社会の性格と本質が確かに立ち現れた。
　今回の写真展だけに限らず、映像でも文字でも絵画でも、ある表現行為や場所をはく奪されるような事態に対して、表現活動に携わる、特に職業人が、「黙っている」「何も言わない」ということだけは絶対にできない。
「厄介になりそうだな」
「できれば関わりたくないな」
　そんな意識が自らの心と身体の中に芽生えてくるとき、そこで踏ん張らなければ、その連鎖の根は断つことはできない。いったん「引く」と、自らも周りも少しずつ足なみをそろえて引いていくのではないか。それを断ち切るためにも、新宿ニコンサロン写真展で何が起きたのかを知り、そして、表現行為に関わる様々な"ネガティブな現象"を注視しなければならない。
「表現の自由を守る」ということは、その表現者だけを守るという意味ではない。展示・上映会場、スタッフや受付、出版・販売をする人たちなど、その表現を支えよう、機会を提供しよう、多くの人に観てもらおうと意思ある人たちすべてを守るための闘いでもある。(敬称略)

"번거로운 일이 될 것 같다", "왠만하면 상관하고 싶지 않다." 그런 의식이 자신의 마음과 몸 안에 싹트기 시작했을 때, 억지로라도 그 싹을 잘라버리지 않는 한, 그 연쇄의 뿌리를 끊어버릴 수 없다. 한번 물러섰다간 자신도 주변에 맞춰서 조금씩 더 물러서게 되지 않을까? 그것을 끊기 위해서라도 신주쿠 니콘살롱에서 무슨 일이 벌어졌는지 알고 표현 행위와 관련된 수많은 "부정적인 현상"을 예의주시해야 할 것이다.
　"표현의 자유를 지킨다"는 것은 그 표현자만을 지킨다는 뜻이 아니라, 전시회장이나 상영회장, 스태프, 접수, 출판, 판매에 종사하는 사람들 등, 그 표현을 지원하거나 기회를 제공하며 많은 이들에게 보이려는 뜻있는 이들 모두를 지키기 위한 싸움이기도 하다.

# 政治的なカメラ——あとがきに代えて

　ここまでニコン事件の経過を検証してきたが、どうも腑に落ちない点が残されている。ニコンはなぜ、ここまで頑なな強硬姿勢をとったのか？　その理由を、日本社会の"事なかれ主義"の風潮と見なすだけでは、あまりに不自然な気がしてならないのだ。

　私が注目しているのは、Chapter 2で触れたニコンサロン事務局長、尾畑正光氏の陳述書だ。そこには2012年5月21日、株式会社ニコン総務部に寄せられた抗議のなかに「ニコンの株主の方も含まれていた」という一文がある。この株主とは、誰なのか？

　実はニコンは三菱グループの一員である。1914（大正3）年、第一次世界大戦が勃発。日本は光学兵器の輸入が途絶した。軍備を増強する「八八艦隊構想」の実現を目指していた海軍には大きな痛手だった。超ド級の巨大戦艦を建造しても、光学兵器がないと無用の長物と化してしまう。軍は潜水艦を製造する三菱合資会社の岩崎小弥太に潜望鏡を含めた光学兵器国産化の会社設立を強く求めた。そして1917（大正6）年、同社社長に就任した岩崎は東京計器と岩城硝子、藤井レンズの3社を統合して「日本光学工業株式会社」を設立した。これがニコンの始まりだ。だからニコンは「カメラ・メーカー」ではなく、「光学機器メーカー」であり、自他ともに認める国策の「大軍需会社」の尾を引き、防衛産業にもリンクする企業なのだ。

　こうして生まれたニコンの株主には、いまも三菱UFJ信託銀行や三菱東京UFJ銀行のほか、三菱重工業の名前が並ぶ。役員名簿にもグループ企業出身の取締役や監査役が名を連ねる。尾畑氏の陳述書に書かれた「株主」は、これらの三菱グループの関係者だったのではないか。

　というのも、この事件が起きた2012年5月22日から間もない、5月24日に韓国国内で三菱グループと関係する、ある裁判の判決が出ているのだ。日本の植民地時代に強制連行された韓国人の元徴用工9人が三菱重工業と新日本製鉄を相手どり、未払い賃金や損害賠償を求めていた上告審裁判で、韓国の大法院（最高裁判所）が「個人の請求権は有効」との判断を初めて示したのだ。「個人の請求権」の問題は、「慰安婦問題」にも直結する。裁判の経過によっては、韓国にある企業の資産を差し押さえることも選択肢としてあるという。

　一方、判決後、東京の三菱重工業本社前では一時、中断していた名古屋三菱朝鮮女子勤労挺身隊訴訟を支援する会の金曜行動も再燃している。

　つまり、グループ企業が窮地に立たされているときに、ニコンサロンは呑気に慰安婦写真展を開こうとしていた。それを咎めた株主がおり、ニコンはそれこそ"政治的に"写真展を中止しようとした。それが実態なのではないだろうか。本書では、残念ながらこの仮説を検証する紙幅がない。国内メーカーの衰退と韓国メーカーの台頭、原子力産業、航空宇宙産業など、日韓両国の政治経済の動向も

# 정치적인 카메라——후기에 대신하여

지금까지 니콘 사태의 과정을 검증해왔는데, 아무리 생각해도 납득이 안 가는 점이 남아 있다. 왜 니콘은 그렇게까지 강경자세를 고집했을까 하는 점이다. 그 이유를 일본사회의 무사안일주의 결과로 보기에는 너무나 부자연스럽다는 생각을 지울 수 없다.

내가 주목한 것은 제2장에서 언급한 니콘살롱 사무국장인 오바타 마사미츠 씨의 진술서이다. 그것에는 2012년 5월 21일 니콘 총무부에서 접수한 항의 중에 "니콘의 주주가 포함되어 있다"는 부분이 있는데 그 주주란 과연 누구일까?

"주간 금요일"(2012년 6월 8일 호)에서 언급했듯이 사실 니콘은 미쓰비시 그룹의 일원이다. 1914년에 제1차세계대전이 발발하면서 광학기기의 수입이 두절되었다. 군비증강계획 "팔팔함대구상"의 실현을 노렸던 일본해군에게는 큰 충격이었다. 초대형 전함을 만들어도 광학기기 없이는 무용지물이다. 일본군은 잠수함을 제조하는 미쓰비시 합자회사(合資會社)의 이와사키 코야타에게 잠망경을 포함한 광학기기 국산화를 위한 회사 설립을 강력하게 요구했다. 그 결과, 1917년에 이 회사 사장에 취임한 그는 도쿄계기와 이와키 유리, 그리고 후지이 렌즈 3개사를 통합해 "일본광학공업주식회사"를 설립했다. 이것이 니콘이 시초가 되었다. 그래서 니콘은 "카메라 제조업체"가 아닌 "광학기기 제조업체"로, 자타가 공인하는 국책 "대 군수기업"의 혈통을 이어받은 방위산업에도 연관이 있는 기업이다.

이렇게 해서 탄생한 니콘인데 그 주주에는 지금도 미쓰비시 UFJ 신탁은행이나 미쓰비시 도쿄 UFJ은행, 그리고 미쓰비시중공업이 포함되어 있다. 오바타 씨 진술서에 쓰인 이들 "주주"는 미쓰미시그룹 관계자가 아니었을까?

왜냐 하면 이 사태가 일어난지 얼마 안된 5월 24일에 한국 국내에서 미쓰비시 그룹과 관련이 있는 한 재판 판결이 내려졌기 때문이다. 일제 치하에서 강제징용된 한국인 근로자 9명이 미쓰비시중공업과 신일본제철을 상대로 체불임금과 손해배상을 청구했던 상고심에서 한국 대법원이 "개인 청구권은 유효"라고 처음으로 판시한 것이다. "개인 청구권"문제는 "일본군 위안부 문제"와 직결된다. 이 재판 결과에 따라서는 한국 국내에 있는 기업 자산을 압류할 선택지도 존재한다고 한다.

한편, 판결후에 도쿄 소재의 미쓰비시중공업 본사 앞에서는 한때 중단했던 나고야 미쓰비시 조선여자근로정신대 소송을 지원하는 모임의 금요일 데모가 다시 이루어지고 있다.

즉, 그룹기업이 궁지에 몰렸음에도 아무렇지도 않은 듯 위안부 사진전을 개최하려 했던 니콘을 비난한 주주가 있었다는 것이다. 니콘은 그야말로 "정치적"으로 사진전을 중지시키려 했다. 그것이 숨겨진 실태가 아닐까?

複雑にからみあっている。これらの点と線を結ぶ作業は、機会を改めて行いたい。

　さて、ニコン事件によって韓国人写真家、安世鴻(アンセホン)さんは一躍、時の人となった。その後の韓国の李明博(ミョンバク)大統領らの竹島(独島)上陸、天皇への謝罪要求発言といった流れもあり、いま韓国では「日本軍慰安婦問題」が再燃している。8月7日に韓国・ソウルで開催された安さんの写真展は盛況で、8月15日の光復節(日本の植民地支配から解放された日)にはソウル市長も突然訪ねた。カメラのシャッターを切ることは、ことほどさように政治と無縁でいられないのだ。最後に安さんの現在の想いを紹介し、このブックレットの締めくくりとしたい。

## 内なる真実と歴史を写す

　子供の頃、家にミノルタの半自動カメラがあった。そのカメラで写真をよく撮っていたことが、写真を好きになったきっかけだった。写真にのめり込むにつれて、カメラがほしくなってきた。あの頃、ニコンのカメラを持つのは夢だった。大学時代にペンタックスを経て、ついに28-85mm手動レンズ付きのニコンFM2を手に入れた。

　新しいカメラは私の活動に力を与えてくれた。そのカメラで90年代の韓国民主化運動の現場を余すところなく記録した。内なる真実を写すドキュメンタリー写真を撮る時も一緒だった。その作品がまさに「中国に残された朝鮮人日本軍『慰安婦』」だ。それをニコンサロンで披露することになったのだ。

　すべてうまくいくように思えたのだが、ニコンはとつぜん具体的な理由も明かさぬまま、一方的に中止を通告してきた。それ以降も写真展が政治活動だと言って、妨害工作を続けている。この過程で軍需企業三菱とニコンとの関係が白日の下にさらされ、日本政府が隠そうとしている日本軍「慰安婦」問題という恥部を自らさらけ出してしまう結果を生んでしまった。

　こうして写真文化の向上を標榜するニコンのイメージは一瞬のうちに瓦解(がかい)した。ニコンはいまだに反省もせず写真が写す真実を拒んでいるのだ。写真は芸術性を持つと同時に、歴史の記録という社会的な役割も持っている。写真家たちはそれを暮らしの中で、あるいは戦場で実践しているのだ。

　写真はコミュニケーションだ。被写体と見る者をつなぐのが写真家と写真だ。一枚の写真が持つ意味が、時には世の中を変えることすらある。それは本当の歴史が写真を通して見えてくるからだ。

2012年8月15日、光復節のソウルで

安世鴻

이 부클릿에서는 이 가설을 검증할 지명 상의 여유가 없다. 일본 제조업의 쇠퇴와 한국 제조업의 대두, 원자력산업, 우주항공산업 등 한일 양국의 정치와 경제 동향도 얽힌 복잡한 주제이기 때문에 이들 점과 선을 잇는 작업을 다음 기회에 하도록 하겠다.

니콘 사태로 안세홍 작가는 일약 세간의 주목을 끌었다. 8월 10일에 있었던 이명박 대통령의 독도방문, 천황에 대한 사죄 요구 발언과 같은 흐름 때문에 현재 한국에서는 "일본군 위안부 문제"가 다시 타오르고 있다. 8월 7일에 서울에서 막이 오른 안세홍 작가의 사진전은 성황을 이루었고 광복절에는 박원순 서울시장도 방문하였다. 셔터를 누르는 것은 정치와 무관할 수 없다. 마지막으로 안세홍 작가의 지금 어떤 생각을 가지고 있는지 소개하면서 이 부클릿을 마무리하도록 하겠다.

### 내면의 진실과 역사를 담다

어릴적 집에 미놀타 반자동 카메라로 사진을 찍은 것이 계기가 되어 사진을 취미로 찍기 했고 사진의 세계에 빠져 들면서 사진기에 대한 욕심도 조금씩 생겨났다. 당시 니콘카메라를 갖는것이 꿈이었다. 대학시절 펜탁스를 거쳐 니콘 FM2카메라에 28-85 수동렌즈를 장착한 카메라를 가지게 되었다.

새로운 사진기는 나의 활동에 활력을 불어 넣어 주었고, 90년대 한국의 민주화 현장을 고스란히 담았고, 내면의 진실을 담기 위한 다큐멘터리 사진작업도 하였다. 그 결과물로 중국에 남겨진 조선인 일본군'위안부'를 찍고 니콘살롱에서 발표하게 되었다.

그러나 순조롭게 진행되던 사진전준비는 니콘의 이유 없는 일방적인 취소로 중지됐고, 이에 니콘은 나의 사진전이 정치적인 활동이라는 이유를 들어 사진전 방해공작은 계속하고 있다. 이를 통해 군수업체 미쯔비시와 니콘과의 관계가 직접적으로 드러났고, 일본정부가 숨기고자 하는 일본군'위안부'문제의 치부를 스스로 드러내는 결과를 나왔다.

이 모든 것이 사진문화향상을 표방하는 니콘에 대한 이미지가 한 순간에 무너지는 순간이었다. 아직까지도 반성 없는 니콘은 사진의 진실을 거부하고 있다. 사진은 예술성을 갖는 동시에 역사의 기록이라는 사회의 공공적인 역할을 수행해왔고, 사진가들은 이를 위해 우리의 삶에서부터 위험한 전쟁터에서 실천하고 있다.

사진은 소통이다. 피사체와 보는 이를 연결하는 것이 사진가와 사진이다. 한 장이 갖는 사진이 때로는 세상을 변화하기도 한다. 이는 진실의 역사가 사진을 통해 보여지기 때문이다.

2012년 8월 15일, 광복절을 맞이한 서울에서

안세홍

# 全記録 ニコン慰安婦写真展中止事件の経緯

### 2011年12月

28日　韓国人写真家、安世鴻(アンセホン)がニコンサロンの公募写真展へ作品を応募。写真枚数は40枚で、写真展名は「重重　Layer by layer」、内容は「中国に残された日本軍『慰安婦』の女性たち」とした。

### 2012年1月

26日　安世鴻のもとにニコンサロン選考委員会委員長、岡本恭幸名義でニコンサロンの使用承諾の通知書(1月24日付)が届く。会場は「新宿ニコンサロン」、開催日時は「2012年6月26日-7月9日」と指定。

### 2012年3月

安世鴻らが「重重プロジェクト」を立ち上げる。

### 2012年4月

5日　ニコンサロン事務局と安世鴻が、あいさつ文、キャプション、広報用ダイレクトメール(以下、DM)用の写真についてメールで連絡を取り合う。以降、DMに関しては事務的なメールのやりとりが5月12日まで続く。

### 2012年5月

10日　安世鴻がニコンサロン事務局に図録とポストカードの販売についてメールをする(返信無し)。

12日　ニコンサロン事務局が送付した写真展のDM2500枚を安世鴻が受け取る。

18日　安世鴻のもとにニコンサロン選考委員会岡本委員長名義で大阪ニコンサロンでのアンコール写真展開催の通知書(5月15日付)が届く。開催日時は「2012年9月13日-9月19日」と指定。
未明に韓国の人工衛星「アリラン3号(KOMPSAT-3)」打ち上げ(ロケットは三菱重工業のH2A・F21)。

19日　朝日新聞(名古屋本社版)に安世鴻の活動を紹介する記事が掲載。
愛知県名古屋で安世鴻が講演会開催。
「在日特権を許さない市民の会(以下、在特会)」らがインターネット掲示板「2ちゃんねる」などに抗議の書き込み。「四日市での写真展に反対」の論調がネット上で拡散。

21日　ニコンサロン事務局が送付したDMの請求書(5月18日付)を安世鴻が受け取る。
慰安婦写真展開催へ抗議や中止を呼びかけるネット投稿や掲示板への書き込みが増え、株式会社ニコン総務部、広報・IR部に抗議のメールや電話、FAXが相次ぐ。株主からも抗議があった。

22日　安世鴻がニコンサロン事務局に、返信のなかった図録とポストカードの販売についての確

# 전기록  니콘 위안부 사진전 취소 사태의 경위

### 2011년 12월

28일　한국인 사진가 안세홍 씨가 니콘살롱의 공모 사진전에 작품을 응모했다. 사진 매수는 40매, 사진전 이름은 "겹겹 Layer by layer", 내용은 "중국에 남겨진 일본군 '위안부' 여성들"로 하였다.

### 2012년 1월

26일　안세홍 작가 앞으로 니콘살롱 선정위원회 오카모토 야스유키 위원장 명의로 니콘살롱 사용허가 통지서 (1월 24일) 가 배달되었다. 전시장은 "신주쿠 니콘살롱", 개최일시는 "2012년 6월 26일-7월 9일"로 지정되었다.

### 2012년 3월

안세홍 작가가 "겹겹프로젝트"를 구성하였다.

### 2012년 4월

5일　니콘살롱 사무국과 안세홍이 인사말, 캡션, 홍보용 편지에 쓰는 사진에 대해 메일로 연락을 주고받았고, 편지에 관한 메일 연락이 5월 12일까지 이어졌다.

### 2012년 5월

10일　안세홍 작가 니콘살롱 사무국에 책자와 엽서 판매에 대해 메일을 발송하였다. (답변 없었음)

12일　니콘살롱 사무국이 발송한 사진전의 홍보용 편지 2500장을 안세홍 작가가 받았다.

18일　안세홍 작가 앞으로 니콘살롱 선정위원회 오카모토 위원장 명의로 오사카 니콘살롱에서의 앙코르 사진전 개최 통지서 (5월15일) 가 발송되었다. 개최일시는 "2012년 9월13일-9월19일"로 지정되었다.
　　　새벽에 한국의 인공위성 아리랑3호 (KOMPSAT-3) 발사 성공 (로켓은 미쓰비시중공업이 제조한 H2A · F21) .

19일　아사히신문 나고야판에 안세홍 작가의 활동을 소개하는 기사가 실렸다.
　　　나고야에서 안세홍 작가가 강연회를 개최하였다.
　　　"재일특권을 용납하지 않는 시민회" 등이 인터넷 게시판 "2채널" 등에 항의 댓글을 올렸다. "욧카이치에서의 사진전 개최에 반대" 하는 글이 인터넷상에서 확산.

21일　니콘살롱 사무국이 발송한 홍보용 편지 청구서 (5월 18일) 를 안세홍 작가가 받았다.
　　　위안부 사진전 개최에 항의해 취소를 호소하는 댓글이나 늘어나 주식회사 니콘 총무부나 홍보 IR부에 항의 메일, 전화, 팩스가 쇄도하였으며 주주로부터 항의도 있었다.

22일　안세홍 작가가 니콘살롱 사무국에 답변이 없었던 책자와 엽서 판매에 관한 확인과 오사카 에서의 앙코르 사진전 개최에 관한 질문 메일을 발송하였다.
　　　니콘 본사에서 임원을 포함한 8명이 항의에 대한 대응을 협의해, 안세홍 작가의 사진전

認と、大阪でのアンコール写真展に関する質問のメールを送信。

ニコン本社で役員をふくむ8人が抗議への対応を協議し、安世鴻の写真展中止を決定する。中止の理由は「諸般の事情」とした。

午後7時ごろ、ニコンサロン事務局長、尾畑正光が安世鴻に写真展中止決定を電話で通告。

ニコンサロン事務局がホームページから安世鴻の写真展の開催告知を削除。

23日 午後7時25分ごろ、ニコンサロン尾畑事務局長が安世鴻に再び電話。写真展中止と「お詫び」に訪問したい旨を伝える。

24日 安世鴻がニコンサロン事務局に対して内容証明で写真展中止の理由を問う質問状(5月23日)を送付。

朝日新聞、共同通信などが慰安婦写真展中止を報道。

25日 株式会社ニコン映像カンパニーフォトカルチャー支援室室長、森真次名義の「お詫び」と題する書面(5月24日付)が安世鴻に届く。

東京・有楽町のニコン本社前で「主権回復を目指す会」がニコンの対応を支持する街宣活動。

韓国の大法院(最高裁判所)が植民地時代に三菱重工業や日本製鉄(現・新日本製鉄)に徴用された元労働者らの未払い賃金や損害賠償の「個人請求権」が有効と示す。

26日 ニコン森室長名義の質問状の回答(5月24日付)が安世鴻に届く。回答によると、中止の理由は「諸般の事情」を「総合的に判断」。

25日の大法院判決を受けて三菱重工名古屋航空機製作所に連れてこられた元朝鮮女子勤労挺身隊の9人が三菱重工に対して未払い賃金や謝罪を求める訴訟を韓国で起こす方針を表明(共同通信)。

28日 CNNが慰安婦写真展中止事件について放映。

### 2012年6月

4日 新宿ニコンサロンでの写真展開催を求め、安世鴻が東京地方裁判所(以下、東京地裁)に仮処分を申請(契約にもとづく施設使用権)。

8日 JVJA(日本ビジュアル・ジャーナリスト協会)がオンラインマガジン『fotgazet』のホームページにニコンへの抗議文を掲載(6月1日付)。

10日 三重県四日市で安世鴻が講演会開催。参加者約65名。街宣に来た「在特会」の会員十数名に対して警察官が約70名。混乱なく終わる。

ニコンが東京地裁に答弁書を提出。ニコンサロンは無償提供しているため安世鴻に施設使用権は発生せず、「写真展が政治活動の一環であることが判明したため中止通告を行った」と主張。

11日 国境なき記者団がパリでニコンに対して抗議声明を発表。

22日 東京地裁がニコンに対して新宿ニコンサロンの使用を認めるよう命じる仮処分決定を出す。施設使用権を安世鴻に認めたうえで、「写真展が政治活動としての意味を有していた

|  | 을 취소할 것을 결정하였다. 이유는 "제반 사정"으로 하였다. |
|---|---|
|  | 오후7시 경, 니콘살롱 오바타 마사미츠 사무국장이 안세홍 작가에게 사진전 취소를 전화로 통보하였다. |
|  | 니콘살롱 사무국이 웹사이트에서 안세홍 사진전 개최 공지를 삭제하였다. |
| 23일 | 오후7시 25분경, 니콘살롱 오바타 사무국장이 다시 안세홍 작가에게 전화를 걸어 사진전 취소에 대해 "사과"하고 싶다고 전했다. |
| 24일 | 안세홍 작가가 니콘살롱 사무국에 대해 사진전 취소의 이유를 묻는 질문서 (5월 23일)를 내용증명으로 발송하였다. |
|  | 아사히신문, 교도통신 등이 위안부 사진전 취소를 보도하였다. |
| 25일 | 니콘 영상컴퍼니 포토컬쳐 지원실 모리 신지 실장 명의로 "사과서"(5월 24일)가 안세홍 작가에게 전달되었다. |
|  | 도쿄 니콘 본사 앞에서 "주권회복을 위한 모임"이 니콘 측의 대응을 지지하는 항의활동을 펼쳤다. |
|  | 한국 대법원이 일제 치하에서 미쓰비시중공업이나 신일본제철에 징용당했던 근로자들의 체불임금과 손해배상의 "개인 청구권"이 유효하다고 판시하였다. |
| 26일 | 니콘 모리 실장 명의의 질문서에 대한 답변 (5월 24일)이 안세홍 작가에게 도착되었다. 취소 이유는 "제반 사정"을 "종합적으로 판단"하였다는 것. |
|  | 25일의 한국 대법원 판결을 받아, 미쓰비시중공업 나고야 제작소에 강제징용된 옛 조선여자근로정신대의 9명이 미쓰비시중공법에 대해 체불임금이나 사과를 요구하는 소송을 한국에서 제기할 방침을 표명하였다 (교도콩신). |
| 28일 | CNN이 위안부 사진전 취소 사태에 대해서 보도하였다. |

### 2012년 6월

| | |
|---|---|
| 4일 | 신주쿠 니콘살롱에서의 사진전 개최를 촉구해, 안세홍 작가가 도쿄지방법원에 가처분을 신청하였다. (계약에 의한 시설 사용권) |
| 8일 | JVJA (일본 비쥬얼 저널리스트 협회) 가 온라인 매거진 "fotgazet" 웹사이트의 니콘에 대한 항의문을 실었다. (6월 1일) |
| 10일 | 미에현 욧카이치에서 안세홍 작가가 강연회가 개최되었다. 관객은 약 65명. 재일특권을 용납하지 않는 시민회 수십명이 항의활동을 펼쳤고 경찰관 약 70명이 경비해 혼란 없이 끝났다. |
|  | 니콘이 도쿄지법에 답변서를 제출하였다. 니콘살롱은 무상제공으로 안세홍 작가에게 시설 사용권을 발생하지 않고 "사진전이 정치활동의 일환임이 드러났기 때문에 취소통보를 하였다"고 주장하였다. |
| 11일 | 국경없는 기자회가 프랑스 파리에서 니콘에 대해 항의 성명을 발표했다. |
| 22일 | 도쿄지법이 니콘에 대해 신주쿠 니콘살롱의 사용을 허가하도록 명령하는 가처분결정을 내렸다. 시설 사용권이 안세홍 작가에게 있음을 인정하면서 "사진전이 정치활동의 의미 |

としても、写真文化の向上という目的と併存し得る」と判断。
安世鴻が東京・霞が関にある司法記者クラブで記者会見を行う。
ニコンが東京地裁に保全異議申し立て。
- 23日 朝日新聞、日本経済新聞、東京新聞などが東京地裁の仮処分決定について報道。
- 25日 ニコンが安世鴻に6月26日からの新宿ニコンサロンの使用を認める。
午後3時までに安世鴻らが会場入りし、搬入を行う。
ニコンは代理人弁護士の早川明伸、加藤惇を通じて、会場販売や写真展会場での写真や映像の撮影禁止などの措置をとる。
安世鴻がニコニコ生放送に出演。
- 26日 新宿ニコンサロンで安世鴻の慰安婦写真展開催。
ニコンは警備員9名、従業員3名、代理人弁護士2名の計14名を配置。金属探知機で来場者の荷物チェックを行う。
会場の新宿エルタワー前の横断歩道橋で「在特会」「主権回復を目指す会」が合同で街宣活動。
- 26日 ニコンが新宿ニコンサロンの警備の従業員数を5名に増やす。
- 28日 午前10時から東京・新宿ヒルトンホテルで株式会社ニコンの株主総会。
午後3時から安世鴻が東京・有楽町の日本外国特派員協会で記者会見を開く。
- 29日 ニコンの保全異議申し立てが東京地裁に退けられる。

### 2012年7月

- 2日 ニコンは東京高等裁判所(以下、東京高裁)に保全抗告を申し立て。
- 5日 東京高裁はニコンの保全抗告を棄却。
- 9日 午後3時、慰安婦写真展終了。観客数は約7900人。写真展終了後、安世鴻がニコンへ抗議文を渡し、回答を求める。
- 13日 日本写真家協会(JPS)の理事会が慰安婦写真展中止事件に関して「ノーコメント」の方針を確認。

### 2012年8月

- 7日 韓国・ソウルで安世鴻が慰安婦写真展を開催。オープニングに日本から8人が参加。
- 10日 韓国の李明博(イミョンバク)大統領が閣僚と竹島(独島)上陸。
- 14日 韓国の李明博大統領が天皇の謝罪を要求。
- 15日 韓国の李明博大統領は光復節演説で日本軍慰安婦問題に言及し、日本に改めて解決を求めた。
ソウル特別市の朴元淳(パクウォンスン)市長が安世鴻の慰安婦写真展を訪ねた。

(文中敬称略)

가 있다 하더라도 사진문화 향상이란 목적과 병존가능하다"고 판시하였다.
안세홍 작가가 도쿄 사법기자클럽에서 기자회견을 열었다.
니콘이 도쿄지법에 보전처분에 대한 이의를 신청했다.

23일　아사히신문, 니혼게이자이신문, 도쿄신문 등이 도쿄지법의 가처분결정에 대해 보도하였다.
25일　니콘이 안세홍 작가에게 6월 26일부터 신주쿠 니콘살롱의 사용을 허락하였다.
　　　오후3시 이전에 안세홍 작가와 멤버들이 전시장에 들어가 반입작업을 하였다.
　　　니콘은 대리인 변호사 하야카와 아키노부, 카토 마코토를 통해 판매행위나 촬영금지 조치를 취했다.
　　　안세홍 작가가 인터넷 방송인 니코니코 생방송에 출연하였다.
26일　신주쿠 니콘살롱에서 안세홍 작가의 위안부 사진전이 시작되었다.
　　　니콘은 경비원 9명, 종업원 3명, 대리인 변호사 2명의 총 14명을 배치하였고 금속탐지기로 관람객의 짐검사를 실시하였다.
　　　전시장이 있는 신주쿠 엘 타워 앞 육교에서 "재일특권을 용납하지 않는 시민회"와 "주권회복을 위한 모임"이 합동으로 항의활동을 펼쳤다.
26일　니콘이 신주쿠 니콘살롱에서 경비를 담당하는 종업원의 수는 5명으로 늘렸다.
28일　오전10시부터 도쿄 신주쿠 힐튼호텔에서 주식회사 니콘의 주주총회가 열렸다.
　　　오후3시부터 안세홍 작가가 일본 외국특파원협회에서 기자회견을 열었다.
29일　니콘이 신청했던 보전처분에 대한 이의가 도쿄지법에 의해 기각되었다.

### 2012년 7월

2일　니콘은 도쿄고등법원에 보전항고를 신청하였다.
5일　도쿄고등법원은 니콘 측의 보전항고를 기각하였다.
9일　오후3시, 위안부 사진전이 끝났다. 총 관람객 수는 약 7900명. 안세홍 작가가 니콘 측에 항의문을 전달해 답변을 요구하였다.
13일　일본사진가협회(JPS)이사회가 위안부 사진전 취소 사태에 대해 공식으로 "노 코멘트" 방침을 확인하였다.

### 2012년 8월

7일　서울에서 안세홍 작가가 위안부 사진전을 개최하였다. 개막식에는 일본에서 8명이 참여하였다.
10일　이명박 대통령이 독도를 방문하였다.
14일　이명박 대통령이 대통령으로 처음으로 천황에 대해 사죄를 요구하였다.
15일　이명박 대통령이 광복절 연설에서 일본군 위안부 문제에 언급해, 일본에 대해 거듭 해결을 촉구하였다.
　　　박원순 서울시장이 안세홍 작가의 위안부 사진전을 방문하였다.

## Credit

韓国語翻訳●植田祐介
韓国語編集協力●小野田明広
デザインDTP●フロンティア・クリエイト 矢田秀一
編集担当●末澤寧史

한국어 번역●우에다 유스케
한국어 편집협력●오노다 아키히로
디자인 DTP ●프론티어 · 클리에이트 야타 슈이치
편집●스에자와 야스후미

【編者プロフィール】

## 新藤健一（しんどう・けんいち）신도 켄이치

フォトジャーナリスト。1943年、浅草生まれ。1964年、共同通信社入社。ニュースカメラマンとして帝銀事件・平沢貞通被告の獄中写真、韓国の朴正熙大統領暗殺事件、連合赤軍事件、ダッカでのハイジャック事件などをスクープ。写真部次長、編集委員などを経て、2003年に退職。現在、東京工芸大学非常勤講師。2012年3月、国連本部で開催された写真展『3.11 ユニセフ 東日本大震災報告写真展』（日本ユニセフ協会主催）のキュレーターを務める。著書に『疑惑のアングル』（平凡社）『写真のワナ』（情報センター出版局）『映像のトリック』（講談社）など。

포토 저널리스트. 1943년 도쿄 아사쿠사 태생. 1964년 교도통신사 입사. 뉴스 카레라맨으로서 제국은행 사건에서 누명을 쓴 것으로 알려진 사형수 히라사와 사다미치 씨 옥중 사진, 10.26 사건, 연합적군(赤軍) 사건, 다카 공중납치 사건 등을 특종 보도. 사진부 차장, 편집위원을 거쳐 2003년에 퇴직. 현재, 도쿄공예대학 강사. 2012년 3월, 유엔본부에서 사진전 "3.11 유니세프 동일본대지진 보고 사진전"（일본유니세프협회 주최）의 큐레이터를 담당. 저서는 "의혹의 앵글"（헤이본샤）, "사진의 함정"（정보센터출판국）, "영상의 트릭"（코단샤） 등.

## 検証・ニコン慰安婦写真展中止事件

初版1刷発行●2012年 9月20日

| 編 者 |
|---|
| **新藤健一** |
| 発行者 |
| **薗部良徳** |
| 発行所 |
| **㈱産学社** |
| 〒101-0061 東京都千代田区三崎町2-20-7 水道橋西口会館7階　Tel. 03(6272)9313　Fax. 03(3515)3660 |
| http://www.sangakusha.jp/ |
| 印刷所 |
| **㈱シナノ** |

©Kenichi Shindo 2012, Printed in Japan
ISBN978-4-7825-3347-5 C0030
乱丁、落丁本はお手数ですが当社営業部宛にお送りください。
送料当社負担にてお取り替えいたします。